Findungen

Für Konstanze

Birgitta M. Schulte

Findungen

Erzählungen über Annäherung

chili verlag

1. Auflage April 2020

franchili / 80

Detaillierte bibliographische Daten sind unter http://dnb.ddb.de bei der Deutschen Nationalbibliographie abrufbar.

Lektorat, Titel, Umsetzung: chiliverlag

Coverfoto: Lubos Houska

Autorenfoto Seite 179: Jutta Jelinski

ISBN 978-3-943292-82-4 www.chiliverlag.de

Inhalt

Braut und Brüste

Die Stimme klang weder traurig noch alarmiert. Schon gar nicht gequält. Aufschrei war da so wenig wie Blut. Dennoch war er sich sicher, einen verletzten Frauenkörper gesehen zu haben. Einen Oberkörper. Blasse Haut.

Was sich auf dem Smartphone so leicht wegwischen ließ, war nicht mehr zurückzuholen. Er wusste nicht mehr, was er eingegeben hatte. Das nächste Video aber blieb. Vier Brüste, in Umhüllungen – wie Muffins, die in einem Rüschenpapier gebacken werden. Brüste innerhalb von prallfleischigen Blütenblättern, die rund geschliffen waren, nicht etwa spitz wie Seerosenblätter. Vollkommene, ebenmäßige Brüste mit Brustwarzen wie rote Kirschen. Die vier Törtchen wurden eines nach dem anderen aufs Wasser gesetzt. Sie glitten davon. Ruhig und heiter.

Er blickte weiter auf den Bildschirm, obwohl der sich verdunkelt hatte. Brüste. Da hätte doch eine Frau sein müssen. Wenigstens eine. Er wusste nicht, ob vier die Gesamtzahl darstellte. Vielleicht zeigte das Bild nur einen Ausschnitt dieses blauglänzenden Sees oder Teichs.

„Das Wasser ist blau, weil der Himmel es will." Dieser Satz fiel ihm ein, dieser kitschige Satz, den seine Tante so oft voll Freude ausstieß. Über dem See oder Teich musste der Himmel wohl heiter sein.

Ein warmer Sonnentag. Er hätte sich nicht gewundert, wenn kolibriblaue Jungfern in das Bild geschwebt wären.

Weiße Brüste mit Kirschen. Er fühlte, dass ihm vor Scham die Röte den Hals hochstieg. Seine Kopfhaut begann zu schwitzen. Er fuhr sich mit der linken Hand durch seine schon fettigen Locken.

Es hatte eine Bedeutung. Alles hatte eine Bedeutung. Dass er in diesem Garten gelandet war, dass es hier eine Dart-Scheibe gab, dass er auf einer Sonnen-Liege saß, einem altmodischen Exemplar mit Holzrädern wie an einem Puppenwagen, die grüne Farbe der Plane, die die Liege schützte. Alles hat eine Bedeutung. Die Muffins erst recht.

Die Heilige Agatha! Auf der Suche nach Foto-Motiven hatte er sie an einem alten Bauernhaus entdeckt. Die vierzig Zentimeter hohe Figur hatte in einer Nische neben der Haustür gestanden. Rundlich und glatt und verlockend streckte sie ihren Oberkörper vor, zeigte sich und warf dabei den Kopf in den Nacken. Sie reckte ihren rechten Arm und die Hand, die das Tablett mit den weißen Halbkugeln hielt. Zwei runde Brote, hatte er gedacht. Sie bietet einem Brot

Seine Tante, der er sein Foto zeigte, hatte es ihm zurechtgesetzt. Das war nicht irgendeine Frau, auch nicht irgendeine Heilige! Das war Agatha von Cania!

„Diese Heilige wird im Allgemeinen mit einer Schüssel, auf der ihre Brüste liegen, dargestellt.

Oder mit einem Palmzweig, der ihr Martyrium anzeigen soll", hatte sie doziert.

Dieser Agatha, die eine Braut Christi bleiben wollte, hatte ein heidnischer, gierig begehrender Statthalter Roms in Sizilien die Brüste wegreißen lassen, während sie an den Marterpfahl angebunden war.

Opferbrüste. Eben nicht für die Liebe. Er musste versuchen, nicht so oft mit seiner Tante zusammen zu sein. Unbedingt.

Er spürte einen feuchten Film auf seiner Haut: die Feuchte, die die Tropfen an der Mauer hinter ihm abgaben, die Nässe auf dem Gras vor ihm, die Feuchtigkeit auf der grünen Plane, die langsam den Stoff seiner Hose durchdrang.

Er rutschte vor, bis er nur noch auf der Kante der Liege saß. Trotzdem überzog ihn ein erster Kälteschauer. Er hatte die Füße nicht fest aufgesetzt, wie die eines Kindes schwebten sie etwas über dem Boden. Dennoch war ihm kalt. Er versuchte sich einen Sommertag am See vorzustellen, sehr warm und Schilf am Ufer. Und auf dem Wasser die Brüste in solch vollendeten, fleischigen Blütenblättern.

Er stand auf, legte das Handy zu dem blauen Plastikdampfer auf der Fensterbank des Nebengebäudes und ging zu seinem Rucksack. Er nahm sein Schreibheft und den Kugelschreiber aus dem Rucksack und setzte sich wieder auf die planenumhüllte Sommerliege. Nun sah er sich genau um.

Das sackförmige Ende des Gartens: ein Abstellplatz. Nein, ein Rückzugsort, dachte er. Dieser Winkel musste schon immer ein Rückzugsort gewesen sein, lange bevor die an das Gebäude gelehnte Leiter anfing zu rosten, das Holz der Regentonne neben ihr aufzuquellen begann und sich hinter der Tonne Moose ungehindert über die steinerne Tränke ausbreiteten. Der Hausherr musste sich hierhin zurückgezogen haben, zum Basteln vielleicht oder zum Schreinern in dem Nebengebäude. Oder um Brüste anzufassen.

Er konnte den römischen Statthalter verstehen. Wenn Agatha so ausgesehen hatte wie die kleine Skulptur, er hätte sie leiden gemocht. Aber so war'n sie ja: ließen blicken und dann Ätsch!

Er ging zum Fenster und inspizierte den Plastikdampfer. Seine Augen suchten das Zwischendeck und die steilen Treppen, die Touristen für gewöhnlich nehmen mussten, die Brücke und das Oberdeck mit den Bänken, bis er durch Bullaugen zu schauen glaubte. Er sah den blau leuchtenden See und die schwimmenden Törtchen. Ein Windhauch – und sie stoben davon. Die konnte man dirigieren! Unwillkürlich bliesen sich seine Backen auf. Er pustete die blütenblättrigen Wassergleiter Richtung Ufer, nicht dahin, wo das Schilf hoch stand, sondern dahin, wo das grasbewachsene Ufer sanft abfiel. Vier wie Fülle! Und greifbar.

Er legte erschrocken den Plastikdampfer an seinen Platz zurück und konzentrierte sich auf das Innere des Nebengebäudes. Die Fenster waren blind, von Spinnweben verhangen. Holzmehl war das nicht in den Spinnweben, aber das – ein gedrehter Holzspan? Ja, er konnte sich gut vorstellen, wie der Hausherr hier gehobelt hatte.

Er setzte sich wieder, nahm sein Schreibheft auf die Knie und den Kugelschreiber zwischen die Finger. Konzentriert schaute er in die Luft und hielt den Stift fester. Alles hatte eine Bedeutung, ja. Nur, er wusste nicht welche. Was wäre hier zu schreiben?

Er verstand sich als freier Autor. Was hätte er nach dem Germanistikstudium auch anderes machen können? Er wagte nicht, sich als Schriftsteller zu bezeichnen, vielleicht noch nicht. Schreiben war einfach seine Lieblingsbeschäftigung. So konnte er sein Inneres spüren, so konnte er unmittelbar sein, indem er es aus sich herausfließen ließ. Gerade allerdings floss nichts.

Er schloss die Augen. Und wieder sah er sie. Brüste wie Muffins. Cupcakes. Dabei wollte er schreiben, einfach nur schreiben. Er nahm den Stift, der sich wie von selbst führte. Er glitt über das Papier und zeichnete Muster.

Diese Blütenblätter, übereinanderliegende Halbkreise, ergaben ein Muster. Für jedes der vier blütenblättrigen Boote jeweils ein etwas anderes Muster. Einen Zirkel hätte er jetzt gebraucht.

Wie vollkommen diese Brüste waren! Das Vexierbild vor seinem inneren Auge verwandelte sie wieder in dreidimensionale Bälle, unter Fingern zu fühlen. Glatt war die Oberfläche und weich waren sie.

Heftig schlug er die Seite seines Schreibheftes zurück. Man hätte diese Muster auch in Formeln fassen können. Wenn man die Kunst der Mathematik beherrschte. Aber auch das konnte er ja nicht. Tief hinten in seiner Erinnerung lauerte seine Matura in Mathe, aber das – wie jeglichen Anklang an Versagen – ließ er jetzt nicht zu.

Die ehemals weiß gestrichene Leiter leuchtete zwischen all dem angesetzten Rost. Er sah auf, blinzelte in die Dämmerung und erkannte die glänzende Hülle seines Handys neben dem blauen Plastikdampfer. Abrupt stand er auf und ließ das Gerät in seiner Hosentasche verschwinden. Bestimmt war der Akku leer.

Er schulterte seinen Rucksack und schritt durch die Enge, die von der Ecke des Nebengebäudes und dem Mauervorsprung gebildet wurde. Was kümmerten ihn Bilder aus dem Internet. Bald würde er seine Tante anrufen.

César Mail

Was liest er denn so lange? Am Parkscheinautomaten steht doch gar nicht viel. Wahrscheinlich buchstabiert er. Oder er liest immer wieder alles von vorn. Bestimmt ein Ausländer.

Die Frau, die im Lokal vor der großen Fensterscheibe saß, schmunzelte. War sie nicht selbst eine Ausländerin in Frankfurt? *Mit Migrationshintergrund* bezeichneten die Deutschen heute die, die in ihrem Land geboren waren und einen fremdländischen Namen hatten. Ihre Eltern waren tatsächlich migriert, aus Japan eingewandert. Aber sie war doch eine Frankfurterin.

Sie stocherte mit ihren Stäbchen in der Reisschale und hielt den Blick fest auf den Mann gerichtet, der draußen auf dem Bürgersteig vor dem Parkscheinautomaten stand. Er hatte eine brennende Zigarette in der Hand.

Vielleicht wartet er auf jemanden, dachte die junge Frau. Sie hatte ihr schwarzes Haar hochgesteckt. Es ließ ihr schmales Gesicht noch länger erscheinen. Sie war insgesamt sehr schmal, zu dünn, um einem Ideal zu entsprechen. Der Mann draußen hatte dagegen einen breiten Kopf. Er war untersetzt, kräftig, ein Handwerker-Typ.

Sie nahm elegant ein kleines Stück Fleisch zwischen ihre Stäbchen, tauchte es einmal kurz in den Klecks grünen Meerrettichs auf ihrer Essplatte und schob es sich in den Mund, während sie den Mann weiter beobachtete. Er zog hastig an der Zigarette und ging ein paar Schritte hin und her.

Dachte ich es mir doch! Der hat gar nicht gelesen. Er hat den Blick auf den Parkscheinautomaten zum Vorwand genommen! Ihre Gedanken wurden schnell. *Warum ist er hier? Wer hat ihn geschickt?*

Der Mann trat seine Zigarette aus und ging zum Parkscheinautomaten zurück. Sein Kopf drehte sich nach rechts, nach links. *Er schaut um sich,* dachte die junge Frau. *Er wartet doch auf jemanden. Er hat den Kopf so eingezogen – der will, dass ihn niemand dabei sieht.*

Sie schaute und kombinierte und aß und kombinierte. *Ein Handwerker. Jeans, blaurot-kleinkariertes Hemd.* Ein hellbrauner Gürtel, der die Hose festhalten musste. *Wie alt mag er sein,* überlegte sie. Älter als sie selbst auf jeden Fall. Da war so eine Art Wuschelhaar auf seinem Kopf, aschblond mit leicht grauer Schattierung. *So um die Vierzig,* sagte sie zu sich selbst.

Einer, der Befehle entgegennimmt, nicht einer, der Befehle gibt. Er wartet doch auf jemanden, seinen Boss, seinen Kumpel, der die Richtung angibt.

Sie hatte eine gute Menschenkenntnis, als Personalerin hatte sie das schnell ausgebildet. Meistens schaute sie den Menschen ins Gesicht und las darin. Wenn sie ihn von vorn gesehen hätte, hätte sie gewusst, ob er devot war oder halt jemand, der sein Leben lang unter dem Vorarbeiter gestanden hatte. Und ob er jetzt verwirrt war oder unsicher. Unsicher, weil etwas nicht klappte, unsicher, weil sein Boss nicht kam, oder unsicher, weil er für sich allein noch nicht wusste, was er tun sollte.

In dem Moment tat der Mann einen schnellen Schritt nach vorn, vom Bürgersteig auf die Straße. Er überquerte sie und ging auf der anderen Seite nach links. Jetzt konnte sie ihn nicht mehr sehen. Sie beugte sich vor, aber sie sah ihn nicht mehr. Sie hätte sich auf die Sitzbank vor dem Fenster knien müssen und selbst dann ... Sie winkte eilig der Bedienung, zahlte, gab zu viel Trinkgeld, zog ihren Mantel über einen Arm, hängte sich ihre Handtasche um den Hals und riss die Außentür auf. Sie rannte zum Parkscheinautomaten, trat selbst auf die Straße und blieb wie angewurzelt stehen.

Der Mann stand vor dem roten Bauzaun auf der gegenüberliegenden Straßenseite und zog gerade etwas aus seiner Hosentasche. Das musste Kreide sein oder ein Stift. Er zeichnete einen Kreis, malte Zacken oben drauf – Hundeohren? Noch ein paar schnelle Striche unterhalb des Kreises, ein Kreuzchen rechts und links. *Was hatte er da hingemalt?*

Während sie noch nachdachte, war der Mann schon wieder unterwegs, die rechte Hand in der

Hosentasche. Jetzt bog er um die Ecke. Sie rannte los, blieb aber an der Straßenecke stehen. Die kleine Straße zum Dom hin war übersichtlich. Sie hätte ihn gesehen. Er war verschwunden. Unerreichbar für sie.

Sie rutschte endlich auch in den zweiten Mantelärmel und ging langsam zurück. Vor dem roten Bauzaun blieb sie stehen. Es gefiel ihr, was sie da sah. Ein Kopf mit zwei Ohren und stacheligem Gel-Haar. Zwei Flügelchen waren angedeutet. Die Zeichnung war schnell hingeworfen, aber mit sicherer Hand. Der Mann hatte sein Werk tatsächlich signiert oder vielmehr das heutige Datum angefügt: 27.1.13. Das Kreuzchen rechts unten war vielleicht das Zeichen für seinen Namen. Und dann stand da etwas, das sie lesen, aber nicht verstehen konnte: *CÉSAR MAIL*.

Ein Auto hupte. Sie drückte sich an den Bauzaun und trat dann wieder einen Schritt zurück. *CÉSAR MAIL?* Ach ja, da war ja ein Briefkasten. Post für César war hier einzuwerfen. Hieß der Ausländer vielleicht César? César Raoul vielleicht, wie in dieser wunderschönen Kombination im Namen ihres älteren Mentors, den sie sehr verehrte? Sie hatte schon vergessen, dass ihr die Gestalt des Mannes untersetzt vorgekommen war, dass sie seine Schultern hatte hängen sehen, dass sie überlegte hatte, ob er vielleicht unterwürfig sei.

Schnell überquerte sie die Straße und betrat hier das zweite Lokal, das Fenster bis zum Boden hatte. Es lag der Zeichnung genau gegenüber. Sie bestellte einen Espresso und ein Mineralwasser. *César*, dachte sie, *César Raoul ...* Sie zog ihren Organizer aus der Tasche und suchte ein freies Blatt. Sie schrieb: *Mon cher César.* Sie schrieb, dass sie ihn beobachtet hatte, dass sie gar nicht anders gekonnt hatte, dass sie sein Werk bewundere, ein wahres kleines Kunstwerk sei das da an der roten Wand. Erinnerte an Klee, an seine Engelbilder.

Das Mineralwasser war noch nicht ausgetrunken, da stand sie schon auf, zahlte und eilte hinüber zum roten Briefkasten am roten Bauzaun. Sie knickte ihr Blatt zweimal, hob das kleine Dach über dem Schlitz an und warf ihren Brief ein. Beschwingt ging sie zur Straßenbahnhaltestelle. Jetzt wollte sie nach Haus.

Am nächsten Morgen, es war noch früh und ziemlich kalt, leerte der Bauleiter den Briefkasten.

Zwischen zwei Lieferscheinen und einer Notiz des Architekten fand er einen zusammengefalteten Zettel. *Mon cher César ...*, las er. Überrascht hielt er den Zettelbrief mit zwei Fingern fest gedrückt und ging erst einmal in sein Büro in den übereinandergestapelten Containern. Er las, seine Gesichtshaut rötete sich. Sie zeigte Überraschung und Scham an. Dann Wut. Wer hatte ihm diesen Streich gespielt? Er war der Einzige, der einen Schlüssel zu dem Vorhängeschloss am Briefkasten hatte. Das musste an ihn gerichtet sein. Dieser alberne Liebesbrief – wer?

Die junge Frankfurterin hatte eine angenehme Nacht verbracht und lachend ihren Arbeitstag begonnen. Nach einem Team-Meeting und zwei Gesprächen saß sie wieder an ihrem Schreibtisch. *César Raoul* fiel ihr ein. Die Zeichnung war so sehr schön gewesen. Sie beschloss, am Abend noch einmal hinzufahren.

Im letzten Sonnenlicht stand die junge Frau vor dem Bauzaun. Sie schaute in das weiß gezeichnete Gesicht, übersah, dass die Augen vom roten Briefkasten verdeckt waren, entzifferte noch einmal fasziniert das Datum und wunderte sich über das Kreuzchen. Diese Zeichnung barg ein Geheimnis und gab es nicht her. Das war eindeutig das Gesicht eines Mannes, auch wenn die Lippen so voll waren. Und auf der Stirn, ah da waren wohl Härchen angedeutet. Hatte dieser Mann eine Glatze? *César Mail.*

Die japanische Deutsche stand und rätselte. *César Mail* – dann sah sie es: *Ja, tatsächlich,* das war ja Caesar, das Haar war kein Haar, sondern der Lorbeerkranz und die Flügelchen waren der aufgestellte Kragen des Feldherrnmantels. Der Mann, den sie beobachtet hatte, hatte also Caesar, den Imperator, den Tyrannen gemalt. Und diesen roten Briefkasten an einem roten Bauzaun als sein Postfach gekennzeichnet. Nachdenklich fuhr sie nach Haus.

Zwei Tage später schaute der Bauleiter prüfend in seine Schublade, bevor er sie abschloss. Er wollte Feierabend machen. Er griff nach einem zusammengeknüllten Zettel und warf ihn schnell in den Papierkorb. Er drehte sich um und stand dann einen Moment unbeweglich. Er drehte sich wieder, holte das Papierbällchen heraus und fühlte es rund und zackig in seiner Hand.

Zuhause angekommen, nahm er es sich noch einmal vor. *Was für eine fein ziselierte Schrift! Beinahe wie Schriftzeichen und doch deutsch.* Das war ein sicheres Deutsch, doch von einer besonderen Hand geschrieben. Ohne länger überlegen zu wollen, griff er zum Telefonhörer.

„Guten Abend! Schmitz. Sie hatten mir einen Brief geschrieben und gebeten, dass ich mich melde, was ich hiermit tue."

Er hörte einen kleinen hohen Schrei, überschwängliche Freude in der Stimme, die schließlich antwortete, dann Schüchternheit. Die Frau am anderen Ende sprach perfekt Deutsch mit einem Akzent, den er nicht zuordnen konnte. Er fühlte sich an die fein ziselierte Schrift erinnert. Er war neugierig genug, um sich verabreden zu können. „Jaja, da ist ein neues Café. – *Bittersüß?* – Okay, ich mach dann früher Feierabend. 17.00 Uhr."

Mehrfach ging ihm an diesem Abend das Gespräch durch den Kopf. Das war Freude gewesen, die ihm entgegengekommen war. „Noch nie erlebt, so was ... Merkwürdig ... Nein, noch nie." Seine Gedanken kamen nicht zur Ruhe.

Zwei weitere Tage später hatte er im Café *Bittersüß* einen Platz gesucht. Er hatte alle Personen im Raum einzeln in Augenschein genommen, bis eine Frau herein trat und an der Tür stehen blieb.

Er sieht, hört wieder die Stimme vom Telefon, erinnert sich an die ziselierte Schrift und steht auf.

Sie erstarrt. Dem Mann, der da auf sie zukommt, hätte das kleinkarierte Hemd nicht gepasst. Es ist ein großer Mann. Er ist nicht nur lang, er hat auch breite Schultern und einen Leib, der sich nach unten kaum verjüngt. Unwillkürlich tritt sie einen Schritt zurück. Dann sieht sie die Freude in seinem Gesicht. *Das ist wirklich Freude,* denkt sie, *passt eigentlich gar nicht*. Sie ist neugierig genug, um mit ihrer kleinen Hand seinen Händedruck zu erwidern.

Espresso. Mineralwasser. Ein Stück Kuchen, *ja, auch das*. Das Wetter. Frankfurt. Diese Straße, wie sie sich verändert hat. Die Kunst.

Nun kann sie nicht umhin, ihm von *César Mail* zu erzählen. Diesem Künstler habe sie schreiben wollen! Wieder lobt sie seinen Strich. Dass der Künstler ihr so gut gefallen hat, obwohl sie ihn nur von hinten gesehen hat, verschweigt sie lieber. Er überspielt, dass er gar nicht gesehen hat, was sich um den Baustellenbriefkasten herum verändert hat.

Schon eine Stunde später schloss das Café. Als sie aus der Tür traten, unschlüssig, wohin sie jetzt gehen wollten, strebten beide nach rechts. In die Richtung, die dem roten Briefkasten entgegengesetzt war.

Erfolg

Sie saß am Frühstückstisch und schaute auf die Gardinen. Eine lange Front bodenlanger Stores. Zweieinhalb Seiten des Bungalows bestanden aus Glas.

White cube in der Vorstadt, schoss ihr durch den Kopf. Auch im Innern fühlte es sich geometrisch an. Die Möbel: Klassiker der Moderne. Irgendwo stand ein Wewerka-Stuhl. Sie erinnerte sich gerade nicht, wo sie ihn gesehen hatte. Und an den Wänden moderne Kunst. Was ihr am besten gefiel, hing auf der Toilette, apfelgrün und pink, fein gestreift.

„Guten Morgen!"

Erschrocken fuhr sie herum. Ihre Gastgeberin, die Redakteurin, hatte ihr die Schlüssel gegeben, als sie das Haus verließ. Pünktlich um 7.30 Uhr, den schwarzledernen Aktenkoffer in der Hand. Ein Bild von Disziplin. *Wir sehen uns um Zwei,* hatte sie mit einem Augenzwinkern gesagt und noch einmal an ihrer Zigarette gezogen, bevor die Autoschlüssel klapperten. Docza Lieberknecht hatte geglaubt, sie sei allein im Haus.

„Entschuldigen Sie, ich wollte Sie nicht erschrecken. Ich bin die Mutter. Ich komme immer am Morgen. Wegen der Betten, wissen Sie, Waschbecken und so."

„Aha?"

„Das Frühstücksgeschirr spüle ich auch. Sie trinken Kaffee?"

„Ja."

Die alte Dame mit dem wohlfrisierten weißen Haar stand noch immer in der Tür. Streublümchen erweckten den Eindruck von Kittelschürze. Der Schnitt ihres Kleides aber war zurückhaltend elegant, der glatte Stoff floss an ihrer schlanken Gestalt herab.

„Möchten Sie auch einen? Es ist noch genug da."

„Ja, gern." Die Ältere setzte sich der Jungen gegenüber. Sie musste sich dazu in die Gardinen quetschen.

„Der Kaffee ist mal wieder viel zu schwarz. So viel Milch kann man gar nicht hineingießen, dass der blond wird."

Docza Lieberknecht nickte. Das hatte sie auch gedacht, niemals hätte sie es laut gesagt.

„Meine Tochter liebt den Kaffee schwarz. Sie ist ja immer sehr beschäftigt. Und Sie? Warum sind Sie da?"

„Ich heiße Docza. Das ist Russisch. Docza Lieberknecht. Ich mache heute Mittag ein Interview im Sender Ihrer Tochter. Live. Es ist mein erstes Mal."

„Und Sie wohnen woanders?"

„In Frankfurt, ja. Es wäre mir zu knapp geworden, heute erst anzureisen, also mir jedenfalls. Ihre Tochter hat mir angeboten ... – seit der Reise. Wir haben uns da kennengelernt."

„Ach, die Reise nach Arabien. Sie erzählt nur noch davon."

„Ja, sehr beeindruckend. Jetzt, hinterher, durch die Arbeit am Buch, da haben wir uns öfters gesehen. Und jetzt hat sie mich eingeladen."

„Das Buch über die Frauenreise. Ich weiß." Die alte Dame senkte den Blick. Eine Frauenreise nach Arabien! Ob so etwas einer Frau wie ihrer Tochter gut tun konnte? In ihrer Position? Schließlich war sie festangestellte Chefredakteurin eines renommierten Senders, spezialisiert auf Wirtschaftsnachrichten. Das war so viel wie ein Insider-Nachrichtendienst.

Zu ihrer Zeit kam so etwas ja noch schriftlich, auf sehr dünnem Papier alle vierzehn Tage. Ihre Tochter hatte die Nische entdeckt: *Wirtschaftshintergrund täglich!* In der jetzt so schnelllebigen Zeit genau die richtige Idee.

Die Alte nahm beide Hände zu Hilfe, um ihr linkes Bein auszustrecken. Sie verrückte dabei den Stuhl, dessen Beine sich nun in der Gardine verhedderten. Ihr Blick war unverwandt auf die junge Frau gerichtet.

„Wen interviewen Sie denn?"

„Regina Dornenheim."

„Wer ist das denn?"

„Haben Sie es nicht gehört? Die Topmanagerin, die zu einer Hilfsorganisation gegangen ist. Sie konnte ihre Vielseitigkeit damit beweisen. Und die

Organisation hatte es dringend nötig, dass da mal jemand mit Managementqualitäten kam."

„Ach Sie meinen *Globaid*. Und die Veruntreuung von Spendengeldern. Also wissen Sie! Ich kenne eine, die die Schwester von dem Geschäftsführer kennt. Das ist ein total ehrpusseliger Mensch, hyperkorrekt! Das war Rufmord an ihm!"

Docza Lieberknecht schaute die alte Dame erstaunt an. Ihr Herz begann zu klopfen. Hatte sie nicht lange genug recherchiert? Um zwei war sie dran. Begrüßung, Rotlicht und dann live. Die Alte berichtete Zeitungslektüre.

„Die Frankfurter Rundschau – Schaum vor dem Mund, kann ich da nur sagen."

Ja, das hatte Docza auch gedacht. Aber sie kannte halt niemanden, der die Schwester kannte. Plötzlich hielt die Weißhaarige inne. Sie schaute die Dreißigjährige prüfend an.

„Würden Sie mir helfen?"

„Helfen?"

„Ja, ich muss was aussuchen."

„Was aussuchen. Ja. Ja. Gern. Und vielen Dank überhaupt."

„Wofür bedanken Sie sich jetzt? Also, ich muss *Auftau* aussuchen."

„*Auftau?*"

„Ja, Tiefgefrorenes. Meine Tochter – Sie wissen doch: in ihrer Position! die kommt ja zu nichts. Die vielen Reisen, Vorträge hier und Interviews da. Und abends immer so lange. Geschäftsessen. Und oft sitzt sie ja auch bis elf am Schreibtisch. Da müssen Sie mal drauf achten, wann die ihre E-Mails abschickt. Also meine Tochter hat keine Zeit zum Kochen, und da nimmt sie *Auftau*."

Die Alte stützte die Hände auf den Tisch und drückte sich hoch. Sie ging in die Küche und kam mit einem Katalog wieder. Sie legte ihn so, dass beide hineinsehen konnten. Ein Bestellformular legte sie auf ihren Platz. Der Stuhl musste von der Gardine befreit werden, dann nahm sie das Blatt und saß wieder. Sie zückte den Kuli.

Also, was immer da sein muss: Bäckerbrötchen, Baguette mit Knoblauchbutter – oh, schauen Sie mal! Das Sommerangebot! Apfel in Blätterteig. Würden Sie das essen?"

„Mmmh."

„Ja, gut. Fisch sollten wir auch bestellen. Fischtopf *Rügener Art*. Und mal was Neues. *Limanda aspera* paniert. Würden Sie das nehmen?

„Was ist das?"

„Eine pazifische Kliesche. Also, das könnte meine Tochter doch mal Gästen vorsetzen. Sie ist ja sehr agil. Also wie soll ich sagen – das sind schon große Namen, die man bei ihr trifft."

„Ja, Ihre Tochter hat Einfluss. Ich glaube, sie weiß um ihre Macht. Und lebt das mit großem Charme. Ich habe mal ein Interview mit ihr gehört. Sie kann so wunderbar plaudern. Und dann fallen ganz nebenbei die Namen der weiblichen Vorstände von Dax-Unternehmen und man merkt erst hinterher, dass sie alle persönlich kennt. Dax! Das sind die Top-Fifty! Top-Top-Managerinnen!"

„Die trifft sie auch bei *Zonta*. Meine Tochter ist ja auch eine große Netzwerkerin. Manchmal lädt sie einige zu sich nach Haus. Fleisch könnte sie auch nehmen. Aber das weiß ich nicht so genau. Jedenfalls *Ganze Schenkel vom Hähnchen* und *Chicken Hawai*."

„*Zonta*?"

„Der Serviceclub für Frauen. Ach, ich weiß die ganzen Namen nicht. Manche sind ja auch geheim. *Creme Berliner*. Ein Netzwerk hat sie ja selbst gegründet, zur Nachwuchsförderung. *Mini Sahnebeutel*. Eine ihrer jungen Frauen ist schon Vorstand. Und tritt jetzt auf einer Veranstaltung zusammen mit Angela Merkel und den vielen Vorstandsherren auf. Oh, sehen Sie! – Das bestell ich für mich: *Diät Riesensandwich Fürst Pückler* – wunderbar!"

„Also ich glaube, dass Ihre Tochter auch Heidelbeerpfannkuchen nehmen würde. Solche Netzwerke sind auch gut, wenn etwas finanziert werden muss, anscheinend."

„Ja, wie das Denkmal für die Pionierin des Unternehmertums *Käthe Kruse*. Klar. Soll ich denn auch noch Pizza nehmen? Wenn, dann *Caprese*."

„*Speciale*, könnte ich mir vorstellen. Wie geht das mit dem Netzwerk, das sie selbst gegründet hat?"

„Na, die jungen Frauen kriegen ein hochwertiges Coaching und vor allem stellt sie ihnen Kontakte zu wichtigen Topmanagern zur Verfügung. Die werden alle was. Der Austausch untereinander ist wohl auch wichtig. Das Netzwerk funktioniert. Meine Tochter meint ja, weil sie sie ausgesucht hat. Sie schwört drauf. Sie meint, die müssen sich mögen."

„Ach so?"

„Wenn die Heterogenität zu groß ist, geht es nicht, meint sie. Na ja, sind wir durch? Ach, die *Original französischen Buttercroissants* habe ich vergessen."

Die Adresse ihrer Tochter schrieb die alte Dame in exakten Buchstaben auf die Rückseite des Bestellbogens, faltete ihn sorgfältig zusammen und fuhr noch einmal über die Kanten. Sie saß jetzt ganz unbewegt. Docza Lieberknecht, ihr gegenüber, schaute sie an und doch fast durch sie hindurch. Stille hing schwer im Raum. Es war die Alte, die schließlich wieder sprach.

„Das war nett, dass Sie mitgemacht haben. Allein kann ich mich immer nicht entscheiden."

„Hat Spaß gemacht."

„Ja."

Die Alte saß mit geradem Rücken auf ihrem Stuhl. Nicht nur, weil sie es so gelernt hatte. Der Schmerz in der Lendenwirbelsäule war so am ehesten zu beherrschen. Ihre Hände lagen ruhig auf der Tischfläche. Kein Laut drang von der Straße herein.

Wer zur Arbeit musste, war schon längst gefahren. Hausfrauen, die einkaufen würden, bewegten ihre Autos noch nicht. Nun war es Docza, die sich aus der Starre löste.

„Ich muss immer noch über diesen Netzwerkgedanken nachdenken. Die müssen sich mögen? Ich glaub', da ist was dran."

Fragend schaute sie die Alte an. Deren Hände lagen ruhig. Die Augen blitzten jetzt. Sie beugte sich ein wenig vor.

„Wissen Sie, woran ich immer denken muss? Meine Tochter raucht so viel."

„Sie denken daran?"

„Ja."

„Oft?"

„Ja, das macht mir Sorgen. Ziemlich viel. Sie raucht ununterbrochen. Ich wünschte, ich wüsste, was man da machen kann."

„Naja, machen kann man schon was. Aber machen muss sie. Aufhören und nicht mehr in Kneipen gehen, Partys meiden, Feuerzeuge wegwerfen, Auto lüften, Gardinen waschen."

„Ach, das könnte ich ja machen, die Gardinen waschen."

„Ja, aber den Plan machen muss sie. Dann kann sie sich ja eine Patin suchen. So eine wie Sie, die sie unterstützt, wie Sie das anscheinend ja in allem machen. So liebevoll und unerschütterlich."

„Ich will ja nur helfen."

„*Ich will aufhören* kann nur sie sagen."

„Ich darf sie nicht drängen, das weiß ich auch. Ich kann ihr Obst und Gemüse hinstellen, das ist wohl wichtig."

„*Wer rauchfrei durchstarten will, darf keinen Stress haben und keine Probleme* – ich kann das auswendig, ich wollte selbst mal aufhören. Wie soll das bei Ihrer Tochter gehen?"

„Aber sagen Sie nicht, es geht gar nicht. Es muss einen Weg geben! Sonst hält ihr Herz das nicht mehr lange aus. Und die Beine vor allen Dingen. Da gibt es doch Medikamente."

„Curcuma-Kapseln. Oder Nikotinpflaster, Nasensprays, Lutscher mit Nikotin, das bessert den Tremor."

„Wie bitte?"

„Naja, Aufhören ist ein Entzug, da muss man dem Körper etwas anbieten. Aber im Ernst, das beeindruckt mich, wie bedingungslos Sie zu Ihrer Tochter stehen. Sie wissen ja auch alles."

„Kurkuma? Das ist doch ein Gewürz."

„Das gehört halt zu den Naturheilverfahren. Es gibt auch was anderes. *Vareniclin* heißt das."

„Ja, genau das meinte ich! Danach habe ich gesucht. Oh, ich danke Ihnen. Das ist es! Das kann ich ihr sagen. Da gibt es ein Medikament."

„Muss der Arzt verschreiben. Ärztliche Überwachung ist sowieso besser bei der Entwöhnung."

„Ein Rezept zu bekommen hat sie keine Schwierigkeiten. Ich muss nur wissen, wie das heißt."

Docza Lieberknecht stand auf und holte ein Blatt aus ihrer Tasche. Sie schrieb *Vareniclin* und dachte plötzlich *Dornenheim*. Ihr wurde heiß. Sie würde besonders kritisch fragen müssen. Und wann fuhr die S-Bahn? Sie musste doch los.

„Frau ...! Ich weiß gar nicht Ihren Namen. Wann fährt die S-Bahn in die Innenstadt?"

Die alte Dame lächelte. Sie ging in die Küche, griff in den Oberschrank. Zwischen Wandverkleidung und Tassen klemmte ein kleiner Fahrplan. Sie las vor. Den Fahrplan würde sie nicht aus der Hand geben. Er musste unbedingt zurück an seinen Platz. Und den Zettel mit dem Medikament müsste sie bei sich gut weglegen. Dieses nette junge Mädchen, dachte sie, auf einmal so versiert. –

Zeit zu gehen. Sie streckte ihm die Hand hin. In ihrem Blick lag Dankbarkeit. Ein fester Händedruck. Docza sah das geordnete weiße Haar, nahm den sehr hellen Hautton der Alten wahr und dachte doch wieder voraus. Ihre Vorstellung davon, wie das Studio aussehen würde, schob sich zwischen die beiden. Sie erwiderte schlafwandlerisch den Händedruck. Erst als sie die Haustür ins Schloss fallen hörte, kam Bewegung in sie. Sie würde sich beeilen müssen.

Fototermin

Im Januar rief er an. Er wolle eine Serie zu Schriftstellerinnen machen. Sie lachte, etwas zu laut, das gestand sie sich ein. Dennoch fragte sie spöttisch: „Sie reihen mich also unter *Schriftstellerinnen* ein?"

„Ja. Was nicht ist, kann ja noch werden. Außerdem: Ich muss ja wohl nicht *Autorin* sagen, wenn Sie so wunderbare Textminiaturen schreiben."

„Sie wollen also die vergessene Hörfunk-Autorin fotografieren."

„Nein, die Schriftstellerin."

Seine Stimme, tief geworden, kam auf dem Nullpunkt an. *Diese Diven, diese selbstverliebten Berühmtheiten,* stöhnte er innerlich, *jetzt fängt die auch noch an. Ich werde zu alt dafür.* Er hatte ständig mit Eitelkeiten zu tun gehabt. Und seine eigene Eitelkeit dagegengesetzt. Er war es leid.

Sie horchte überrascht auf. Hatte sie ihn falsch eingeschätzt? Er war doch so nett. Sah so normal aus, mit seinem Jungengesicht. Geradezu spitzbübisch auf Fotos. Aber jetzt mochte der berühmte Anrufer anscheinend weder kokettieren noch plänkeln. Für einen kurzen Moment fühlte sie sich bestraft. Sie hatte doch nur ein wenig spielen wollen.

„Okay, Sie wollen mich für Ihre Reihe über Schriftstellerinnen porträtieren. Wie lange dauert es?"

„Kommt drauf an", antwortete die müde Stimme.

Dann ganz sachlich: „Ich bitte Sie, sich ein Requisit auszusuchen, etwas, das Sie als Schriftstellerin charakterisiert."

Nun wurde der Ton wieder annehmend: „Wenn Sie es gefunden haben, überlegen wir gemeinsam, wohin wir fahren, und dann machen wir uns einen schönen Tag."

Sie lachte wieder, freudig jetzt. Ein schöner Tag mit Toni Papaluzzi, der *Foto-Legende*. Das gefiel ihr. Begegnungen waren das im Leben, was ihr am meisten Lust bereitete.

„Ein Requisit? Muss ich nachdenken. – Was würden Sie mir denn verpassen?"

Er schwieg. Sie ahnte, dass ihm jetzt seine Professionalität den Einwurf verbat. Er ließ sie kommen, egal, was ihr einfallen würde. Später würde er mit ihr und ihrer Idee schon machen, was er wollte. Wie alle Künstler. Oder wie sie es als Hörfunk-Autorin auch getan hätte. *Redaktionelle Entscheidung* eben.

„Okay. Wann?"

„Nächste Woche. Dienstag."

„Sie kommen hierher?"

„Ich hole Sie ab."

Sie schaute aus dem Fenster, nachdem sie aufgelegt hatte. Bilder aus einer Ausstellung in einem Braunschweiger Museum kamen ihr in den Sinn.

Hildegard Knef, mit sich selbst. Ein merkwürdiger Untertitel. Sie las ihn als *bei sich*. So wollte sie fotografiert werden, mit ihren Augen, mit ihrem grauen Stachelhaar, ihrem neuen Kleid, das wie aus Leinwand gemacht war, aus unfertiger künstlerischer Arbeit. Und die Schuhe, die sie sich gestern gekauft hatte, würde sie tragen. Verspielt feminin, mit hohem Absatz. Ihr ganzes Leben lang hatte sie flache Schuhe getragen, wegen der Einlagen, und weil sie sonst nicht schnell genug laufen konnte. Aber jetzt hatte sie Vergnügen an zeitweiliger Eleganz. Und die Highheels waren definitiv bequemer als früher.

In der folgenden Woche wachte sie Morgen für Morgen gegen fünf Uhr auf. Immer wieder tauchte die Frage nach dem Requisit auf. Das sollte ja wohl ein Symbol sein. Was charakterisierte sie als *Schriftstellerin*? Oder ging es ihm doch mehr um sie selbst? Sie hatte sich so lange mit Archäologie beschäftigt, konnte es eine jungsteinzeitliche Figurine sein, eine der *Dicken*, die ihre Wohnung bevölkerten? Ihr altes großes Hollandfahrrad mit dem Aufkleber *Die Sonne bin ich*? Der Band mit ihren Kurzgeschichten, gerade erst im Selbstverlag erschienen?
Das nächste Telefonat war ein Wohlfühlgespräch. Sie bemerkte neidlos, dass er gut fragen konnte. Er fand schnell heraus, wie ihr Schreibprozess ablief:

Sie erfand, was sie erinnerte. Er brauchte auch nicht lange, um genau die Geschichte anzusprechen, die ihre Gefühle weckte. Er hatte ihre Kurzgeschichten ja gelesen.

So etwas suchte er. Authentizität, darauf kam es ihm an. Die wirkliche Person wollte er vorstellen, nicht eine Fassade. Bisher hatte er auf diese Weise immer unnachahmliche Fotos erzielt. Inzwischen aber nahm die Digitalisierung den farbigen Porträts regelmäßig die Wahrhaftigkeit. Fotos wie Filme wurden mehrfach umgeformt, umgefärbt, Drehbücher von anderen umgeschrieben.

Er wollte weiter Geschichten erzählen, wie ein Autor: in einem unverwechselbaren Ton. Er wollte frei bleiben, auszuwählen, wollte neben den großen Namen auch die unentdeckten. Es war schwer geworden, solche Fotografien zu verkaufen. Sehgewohnheiten hatten sich längst verändert. Aber das sollte ihn jetzt nicht kümmern. Er fühlte sich einzig der eigenen Wahrheit verpflichtet.

An ihrer Stimme hörte er, wieviel Emotion sie noch immer mit dem Geschilderten, einem eigenen Erlebnis, verband. Der dazugehörige Schauplatz war, so blitzte es in ihm auf, genau der richtige Hintergrund für sein Foto. Auch wenn er dazu einen amerikanischen Straßenkreuzer ordern musste und den Chauffeur gleich mit. Sicher, das wäre eine Inszenierung, überlegte er weiter, etwas, was er eigentlich ablehnte. Aber hier würde sie ja nur das wahre Leben nachzeichnen.

„Was halten Sie denn vom ehemaligen Hubschrauberlandeplatz?“, fragte er vorsichtig.

„Bonames?“ Ihre Rückfrage kam zögernd.

„Ja.“

„Alter Flughafen Bonames“, sagte sie leise, eher zu sich als zu ihm. *Das passt,* hätte sie eigentlich sagen müssen. Sie liebte den Platz, er stand für so Vieles: für ihre Liebe zur Natur, ihr großes botanisches Interesse. Für ihr soziales Engagement; der ehemalige Tower war jetzt ein Café – in der Hand von Behinderten! Die brauchten solche Echt-Situationen, dafür hatte sie sich eingesetzt.

Ja, sie liebte den Platz. Er hatte etwas Schräges, Bizarres. Und für sie hatte er Charme, auch wegen des gerade noch aufgehaltenen Verfalls von technischen Gebäuden.

„Bonames, meinen Sie. Wo denn da? Auf der ehemaligen Startbahn? Die ist ja jetzt wie ein Stück Straße, völlig unmotiviert im Grünen.“

„Zum Beispiel.“

Das letzte Mal war sie mit dem Rad gefahren und von unten gekommen, weit entfernt von Tower und Startbahn. Bei diesem – letzten – Mal, das so tief in ihre Erinnerung eingeschrieben war, waren sie zu zweit auf Rädern gefahren, die sich manchmal so nahe kamen, dass sie zu stürzen drohten. Sie waren am Flüsschen entlanggefahren, hatten dann die Räder durch die sauren Wiesen geschoben und irgendwann im Weidengebüsch einfach abgelegt.

Sie hatten am Rand eines flachen Tümpels diesen grellgrünen Flecken Gras gesehen, so kurz gehalten wie Golfrasen. Den pflegten wahrscheinlich die Enten. Und sie hatten die Burg aus trockenem Gras und Stroh entdeckt, die nicht einem Biber, sondern einem Nutria gehörte, wie sie später erfahren hatte.

„Bonames?“, fragte sie noch einmal, nun verunsichert, fast verstört. Der Schauplatz stand auch für die größte Demütigung, die sie je hatte durchstehen müssen. Mit offenem Visier hatte sie dagestanden, gänzlich ungewappnet. Der Stich war so schmerzhaft gewesen, dass sie beinahe ohnmächtig geworden wäre. Das Verhalten ihres Geliebten war ihr völlig unverständlich, nach wie vor, und ihr eigenes ebenso.

Sie hatte sich diesem Mann geöffnet wie selten jemandem zuvor, mit aller Bereitschaft zu lieben. Augen, Ohren, Lippen hatte sie geöffnet, um sich einzufühlen, um den Geliebten und seine Situation zu verstehen. Anscheinend hatte sie nicht gut verstanden.

Sie gab sich einen Ruck. Es blieb ein wunderbarer Platz! Ja, Bonames war eine gute Kulisse. Mit einem *Einverstanden* stoppte sie schnell die Gedankenflut.

„Das Requisit!", warf sie ein.

„Ach ja, das Requisit."

„Ich nehme das Bändchen mit den Kurzgeschichten."

„Die Geschichte vom roten Straßenkreuzer, der auftauchte, als das Paar sich küsste – die ist doch in diesem Band, nicht?"

„Ja, ja", antwortete sie knapp, und er beeilte sich abzuschließen: „Ja, das Bändchen, wenn Sie mögen – gern!"

Toni Papaluzzi holte sie am frühen Dienstagmorgen ab und fuhr mit ihr zu dem ehemaligen Hubschrauberlandeplatz.

Er bemühte sich, möglichst nah am Tower zu parken. Er öffnete ihr, in der Form vollendet, den Schlag. So konnte sie ebenso elegant ihre schlanken Füße in den hochhackigen Schuhen aus dem Auto schwingen. Ein Gute-Laune-Spiel.

Sie schritten vor den ehemaligen Hangars in Richtung Grün. Er balancierte seine Foto-Utensilien, sie ihr Körpergewicht auf den hohen Absätzen. Sie überdeckte die andrängenden Erinnerungen mit Wissenswertem. Erzählte, dass das Grünflächenamt die Renaturierungs-Absicht der Stadt in ein

Kunstprojekt verwandelt hatte; fügte schnell hinzu, dass der Baggerführer, der die alte Landebahn aufreißen sollte, nicht wusste, wie, dass man ihm einen Druck von Caspar David Friedrichs *Das Eismeer* ins Führerhaus gehängt hatte. Und, sie brachte den Bericht zu Ende, er hatte die Betonplacken tatsächlich so aufgetürmt wie die Eisschollen gemalt waren. Toni Papaluzzi musste lachen.

Ein bizarrer Streifen aus spitzigem Beton war entstanden, an dessen Rand jetzt etwas Sand angeschwemmt war. Sie sah, dass die Natur sich in den letzten Jahren weiteren Raum zurückerobert hatte. Jetzt stand zwischen Start- und Landebahn Wasser, ein flacher See, der zwischen kleinen Weidenstöcken Wasserrallen und Blesshühnern beste Bedingungen bot.

Sie drückte ihre Hacken in den Sand und führte Toni Papaluzzi über die schmale Spange sumpfigen Bodens zum Beginn der Startbahn, die eine breite Fahrstraße geblieben war. Hier hatten sie damals gestanden und sich geküsst.

Mit dem Schmerz, der sich nun auf ihrem Gesicht abzeichnete, hatte Toni Papaluzzi nicht gerechnet. Diese Schriftstellerin – von Leid gezeichnet, nein, so sollte das nicht sein. Er hieß sie ein bisschen auf und ab gehen, von links nach rechts, die Breite der Startbahn ausmessend. Gleichzeitig hielt er den Belichtungsmesser mal rechts, mal links neben sie hin. Er fragte, und sie erzählte, von jungen Leuten, die jetzt hier Einsatz zeigten und Hundebesitzern erklärten, warum ihre Lieblinge besser nicht im Brutgebiet von Wiesenpieper und Grauammer toben sollten.

Sie schob den Band mit den Kurzgeschichten unter ihre Achsel. Jetzt hatte sie zwei Hände frei, um das schmale Canvas-Kleid glatt zu ziehen. Sie schaute an sich herunter. *Ach du liebe Güte! Sollte der Schlammrand an diesen Schuhen mit auf das Foto?* „Macht nix!", lachte der Fotograf und verschwand hinter dem Sucher. *Macht nix?,* schaute sie verständnislos. Er löste sein verschmitztes Gesicht vom Display. „Wie wär's, wenn Sie mir mal Ihr Profil zeigten?" Noch immer irritiert, blickte sie ihn an. Er lachte wieder, sie drehte ihren Kopf zum Tower und hörte ihn „gut, gut" murmeln.

Toni Papaluzzi war alt genug, um zu wissen, dass sich nicht jede große Liebe leben lässt. Er wusste aber auch, wie tief die Liebe jemanden verzaubern konnte. Und darum ging es ihm hier. Er ging ein paar Schritte zur Seite und sprach in sein Handy. Dann verschwand er wieder hinter dem Sucher und begann zu sprechen, monoton, ein bisschen wie ein Singsang.

„Wie schaukelt es sich auf Ihren hohen Schuhen?"

Sie schaute ihn böse an und ging dann doch in die kleine Bewegung.

Da war auf einmal alles wieder da. Der Golfrasen-Fleck, die Nutria-Burg, die innige Nähe. Nun war es Glück, das sich auf ihrem Gesicht spiegelte.

Im selben Moment leuchtete der rote Lack einer großen Limousine hinter ihr auf. Sie sah sie aus den Augenwinkeln und fuhr zusammen. Ein kleiner Schrei, sie drehte sich, schaute um sich, verwirrt. Damals hatte sie sich gefühlt wie im Film, wie die Protagonistin. Ja, das Glücksgefühl war so überwältigend, wie sie es nur aus Filmen kannte.

Und jetzt?

Jetzt endlich hatte sie eine Chance. Sie wollte das Foto, sie wollte gesehen werden! Trotzig schaute sie direkt in die Kamera. Damals hatte dieser Not-Mechanismus gegriffen, als wenn ein Schalter in ihr umgelegt würde. Als wenn sie gar nichts spüren würde, ganz nüchtern hatte sie Vorschläge gemacht, was man an diesem Nachmittag noch unternehmen könnte. Als wenn sie nicht nur Eine, sondern Zwei wäre, und nun die Nüchterne dran war.

Heute war das anders. Sie kochte. Der Feigling! Dieser Leisetreter! Sie küssen, als ob nichts wäre. Filmkuss, großes Nahsein, Hin-und-her-geben-und-nehmen, fließend Tauschen, Schmelz. Und dann alles nicht wahr. Als ob er nichts dabei empfunden hätte. Als ob er alles nicht erlebt hätte, was in den fünf Jahren gewesen war.

Dies war das Ende der Scham! Sie streckte sich und wusste: Heute würde sie im roten Straßenkreuzer zurückgleiten.

Sie und Er

Er beleckte seinen Finger und versuchte, einen der Flecken auf seiner Spiegelscherbe an der Wand fortzuwischen. Es gelang nicht. Es waren so viele Flecken dort wie Altersflecken in seinem Gesicht. Wurden sie groß und größer, wuchsen sie gar zusammen?

Er lenkte seinen Blick wieder auf die Flecken im Spiegel, um danach umso eindringlicher auf sein Gesicht zu starren. Die Augenbrauen waren sehr buschig geworden. Kleine Haarbüschel stachen heraus und gaben seinem Blick etwas Finsteres. Die Falten auf seiner Stirn waren tief eingegraben. Sie verliefen horizontal von der linken zur rechten Schläfe, drei, vier nah beieinander, wie ein Strich, der seine Stirn in zwei Hälften teilte. Sie drückten auf die Augenpartie und nahmen den Augen Glanz. Seine Nase war groß geworden, er wusste nicht wie, breitflügelig, die Poren riesig, lauter kleine Krater.

Sein Blick glitt weiter hinab. Heute traute er sich. Er schaute seinen Mund an. Der war der eigentliche Krater! Die Oberlippe aufgeworfen, mit Schrund besetzt, die oberen Zähne sehr groß. Und schwarz. Schwarz. Und die unteren schwarzgrau. Ein Loch in seinem Gesicht.

Er blickte wieder auf die Flecken im Spiegel. Er streifte dabei sein Haar, zusammengeklebte Strähnen, die ihm in die Stirn fielen. Was sah er? Einen Mann. Eine Mischung aus Wut und schmerzender Trauer überflutete ihn. Schnell griff er zum seidigen Tuch und legte sich einen Schleier an.

Sein Kleid aus leichter Baumwolle, ein mit blassen Blüten bedruckter Stoff, der weich fiel, war nicht mehr sauber. Er streifte die Träger über seine Schultern und rückte die empirehaft gehobene Büste zurecht. Er wollte Brüste in seinen Händen wiegen und stopfte Coton hinein.

Er schlüpfte in seine schmalen, vorn spitz zulaufenden Schuhe. Eine kleine Glückswelle durchlief ihn. Es ging immer noch, sie passten. Sein linker Fuß hatte ein Überbein, war auch etwas verdreht, so dass er auf der Außenwölbung des Fußes laufen musste, aber das konnte er ja. Und den rechten Fuß vermochte er wie immer anmutig zu setzen.

Er nahm seinen Stock, der eher einem Holzknüppel glich, und verließ schnell seine Kate. Er war schwer geworden. Die breiteren Hüften überspielte das Kleid. Das wusste er auch ohne Spiegel.

Er müsste etwas zu essen finden, dachte er.

So lehnte er sein Gewicht auf den Stock, wenn er den linken Fuß vorsetzte, und versuchte schnell zu sein. Die staubige Landstraße wurde von holprigem Straßenpflaster abgelöst. Das war ihm eine Erleichterung, nur konnten ihm jetzt Leute zuschauen, die ihren Kopf an die kleinen Scheiben in ihren niedrigen Häusern drückten. Er wollte nicht daran denken.

Die Häuser wurden größer. Jetzt hatte er kaum zu befürchten, dass sich jemand die Blöße gab, ihm nachzuschauen. Als er auf dem Marktplatz ankam, stieß er auf ein Geschwisterpaar, einen Jungen und ein helles, zartes Mädchen. Eine wunderbare Gestalt.

Er blieb stehen und schaute sie von hinten an. Der glückliche Moment hielt nicht lang an. Der Junge schien loslaufen zu wollen. Er musste ihm zuvorkommen! Schon bei seinem ersten Räuspern drehten sie sich zu ihm um. Das Mädchen schaute aufmerksam, der Junge runzelte die Stirn. Misstrauen sprach aus seinen Augen und der Körperhaltung.

Das konnte er beinahe riechen. Dieser Rückzug der Menschen begleitete ihn nun schon sein altes Leben lang. Das Mädchen dagegen schaute neugierig, offen. Es war nicht einmal Mitleid in ihrem Blick. Er redete weiter.

„Nein, es stimmt wirklich“, fuhr er fort. „Morgen ist Markt auf diesem Platz. Dann werden viele Buden hier sein, viele Leute.“ *Und etwas Gutes zum Essen*, dachte er und behielt es für sich.

„Was verkaufen die Leute denn? Bestimmt Kartoffeln und Hühner“, biss der Junge an.

„Auch Kaninchen und vielleicht eine Ziege. Aber auch Äpfel, rote Äpfel und Backwerk.“

Das Mädchen war wieder vorgetreten und streckte den Arm aus. Sie wollte sein Kleid berühren.

„So ein schöner Stoff!“ Ihre Stimme war ganz hell, als sie bewundernd hinzufügte: „So dünn, so weich!“ Sie blickte ihn an. Forschend und kokett zugleich schaute sie ihm in die Augen und griff dann nach dem olivgrünen Samtband, das die Büste hielt. Sie ertastete den weichen Samt mit zwei Fingerspitzen. Mit einer schnellen Bewegung führte sie ihn zu ihrer Wange. Sie strahlte.

„Ja, ein schönes Kleid“, sagte er schnell und versteckte sein Erschrecken unter einem Lächeln.

„Kann ich es haben?“, kam da mit hoher Stimme. Verstört schaute nun er fragend in das Gesicht des Mädchens.

„Nein. Es ist schon alt.“ *Und außerdem, wenn ich es ausziehen würde, dann hätte ich nichts mehr an,* setzte er in Gedanken fort.

„Sie will es Ihnen ja gar nicht fortnehmen“, mischte der Junge sich ein.

„Aber ich hätte es gern, für mich“, sagte das Mädchen ungerührt.

„Es ist wirklich sehr alt“, antwortete er mit dünner Stimme.

Er hatte es immer geschont, hatte es in der Kiste aufbewahrt. In der Holzkiste, die sich fest verschließen ließ. Keine Maus, keine Ratte war da herangekommen, nicht ein Ungeziefer hätte sich durch einen Spalt hineinzwängen können.

Es war ein kostbares Festtagskleid gewesen.

Er sah sich, wie er damals auf dem Rasen vor

den Broderiebeeten gestanden hatte und über das Buchsbaumrondell zu den großen Gartentüren des Herrenhauses geschaut hatte. Da war er noch schlank gewesen, auch etwas größer als jetzt, beweglich um die Hüfte, geschmeidig die Glieder. Ja, anziehend war er gewesen – der eigentliche Grund für seine Einstellung. Der Baron in seinen Reitstiefeln, auch er ein schlanker Mann, hatte ihm nichts abschlagen wollen, als er sich vorstellte und um Arbeit bat. Er hatte den Gartendienst bekommen – das, wovon er nicht einmal zu träumen gewagt hatte. Die Möglichkeit, Blumen anzuordnen, zu riechen, unter den Händen zu fühlen. Mit Schönheit hatte er fortan zu tun gehabt. Mit Natur.

Und er hatte gestalten dürfen. Er hatte den matschigen Platz zwischen dem Eingang zum Herrenhaus und der Gräfte in einen buchsbaumgesäumten Gang mit blühenden Stauden auf beiden Seiten verwandelt. Der Baron hatte ihn immer gewähren lassen. Er selbst wusste, welche Wünsche dessen wohlgefälligen Blick gesteuert hatten. Sie waren seine Deckung gewesen. Niemand hatte sich getraut, näher nachzuschauen, was er hinten im Schafstall machte, hinter der Trennwand, die er hochgezogen hatte.

Da war sein Schlafplatz, sein Rückzugsort, dort hatte er nicht selten die Frau im Spiegel gesehen, die er lieber wäre oder doch eigentlich war.

Er hatte immer wieder Gelegenheiten gefunden,

an ein weibliches Kleidungsstück zu kommen. Aber er hatte es sich nicht aussuchen können. So etwas Schönes wie dieses Festtagskleid – dieser duftige Baumwollstoff, die feinen Blüten – war außerhalb seiner Reichweite. Er hatte die Baronesse nur einmal darin gesehen, das Kleid mit dem olivfarbenen Samtband aber nie vergessen.

Als die Tochter des Barons plötzlich starb, hatte er in der allgemeinen Aufregung das Kleid aus ihrem Schrank nehmen können und es gut gehütet. Jetzt war es das Letzte, was ihm aus dieser Zeit geblieben war. Was ihm überhaupt geblieben war. *Er musste etwas zu essen finden,* dachte er. Diese Kinder hatten zu essen. Ein Zuhause. Wo waren sie hergekommen? Wohin würden sie zurückgehen? War das sehr weit weg? Wenn ja, würde er nicht zurücklaufen können. Nicht in einem Tag.

Je länger er an ein reiches Haus mit einer großen Küche dachte, desto mehr wurde ihm der Weg zurück gleichgültig. Wahrscheinlich hütete eine rabiate Köchin die Leckerbissen. Er kannte diese rotwangigen, wohlbeleibten Herrinnen über Mehl und Fleisch, Wein und Käse. Solche hatten ein weiches Herz. Wenn nicht, musste er in ihnen die Erinnerung an ihre Herkunft wecken. Diese Hürde wusste er zu nehmen. Er musste nur erst zu ihnen gelangen.

Er drehte sich um. Anmutig fühlte er seinen Schritt jetzt nicht, eher wie ein Hinken.

Er musste sie gewinnen! Und mit den Kindern

gehen. Wahrscheinlich würde sie ja jemand abholen. Er könnte mitfahren. Ausflug zu dritt!

„Wenn du das Kleid haben willst, muss ich es ausziehen“, sagte er eine Spur zu laut. „Und was ziehe ich dann an?“

Jetzt schaute das Mädchen ratlos.

„Dann müssen Sie eben etwas anderes bekommen.“ Der Junge tat erwachsen. Er würde die Anweisung geben, dass man diesem abgerissenen Herrn Hemd und Hose holen solle und einen Mantel am besten auch.

„Sie müssen nur mit zu uns kommen.“

Es hatte geklappt. Er musste sich nur noch ein bisschen zieren. Und wirklich, wäre es nicht wie ein Ausflug? Ja, wie ein Ausflug zu dritt.

Die Frau des Mörders

Spüren, wie hell das Licht hier ist, Augen aufmachen, die Wärme fühlen und die Feuchtigkeit der Luft und dann: nach draußen!

Jeden Morgen geht es ihr so. Sie könnte Carola von Trotha heißen oder Elsa Margtheim. Sie wacht auf und will hinaus. Die Bambusvilla ist nicht hermetisch abgeschlossen, sie atmet dieselbe Luft wie der Urwald vor der Tür, aber für Elsa M. gibt es einen Unterschied. Draußen fühlt sie die Sonne auf ihrer Haut. Das ist morgens besonders schön, wenn es noch nicht so heiß ist, wenn die Sonnenstrahlen wie einzeln durch das Blätterdach dringen. Dann leuchtet hier und da auf, was sie treffen. Muster entstehen, gelbe Streifen und Dreiecke, hier und da ein rosa Oval. Früchte sind das, die da aufleuchten, sie weiß das. Elsa M. lächelt in sich hinein. Für sie sind es Muschis oder deren Symbole. Ihre Komplizen. Sie wissen, wie es sich anfühlt, in den frühen Morgenstunden nackt im Urwald zu stehen, von der Sonne liebkost, und sich die Haare zu kämmen.

Elsa M. genießt ihr Ritual jeden Morgen. Sie fühlt ihre Haut und darunter ihre Muskeln, wenn sie sich dreht, um ihr schwarzes Haar besser zu fassen. Nichts anderes gibt es in diesem Moment als sie selbst und das Prickeln und Öffnung und Bereitschaft.

Der Wind streicht über ihre Brustwarzen. Elsa M. spürt, wie sie sich aufrichten, als ob sie in Zeitlupe verfolgen könnte, wie Zellkammern sich mit Wasser füllen. Sie blickt nach innen. Ihre Haut rötet sich am Hals. Die Rötung breitet sich aus über die Außenseiten ihrer Arme, die Innenseite ihrer Schenkel.

Elsa M. ist. Für sich. Und tut es zugleich für andere. Sie weiß, dass die Neger* ihr zuschauen. Als blaue Männer mit wirrem Haar sind sie in ihrem Gedächtnis. Sie dreht ihnen den Rücken zu.

Elsa M. liebt die Darstellung ihrer selbst. Wäre sie sonst hierher gegangen? Ans Ende der Welt, weit entfernt von zuhause?

Sie will leben. Mit aller Kraft. In aller Fülle. Sie will haben. Als Weiße an der Seite eines Weißen zu leben, der Herrscher sein will in Afrika, auch mit blutiger Hand, ist gefährlich auffällig. Es ist das Richtige. Es ist Macht.

Elsa M. hat den Teppich in den Urwald legen lassen. Er markiert ihre Lichtung. Er ist grün, giftgrün, von der Farbe des Waldes und Signal. Sie hat einen Tisch heraustragen lassen, ein Möbel des Innenraums. Hier draußen markiert seine westliche Form ihr Anderssein. Hierhin lässt sie sich den Kaffee servieren. Zwei hellblaue Tässchen. Ihr Gatte kommt manchmal, ihn einzunehmen. Aber es reicht, wenn die Tässchen nur da sind.

Auf diesen Tisch stellt sie das Telephon. So, als ob sie jeden Moment verbunden sein könnte mit

Übersee, mit Zuhause, mit der bedeutenden Welt.

Sie wendet sich ab und kämmt ihr Haar. Sie spürt die Dinge in ihrem Rücken. Sie geben ihr Halt. Sie spürt aber auch, wie der Blick der blauen Männer auf ihnen liegt, eine Missempfindung, die jetzt in ihr hochsteigt. Dadurch verwandelt sich der Tisch. Er wird zu einem Sessel, Hülle und Geborgenheit, wenn sie nur will.

*Die Verwendung dieses Wortes folgt der Perspektive der Porträtierten und der Zeit (1904-1908), in der die Kolonialherren im damaligen „Deutsch-Südwestafrika“ die Angriffe der Herero und der Nama auf deutsche Einrichtungen und Farmen in nie gekannter Brutalität niederschlugen.

Das Fiasko

Levanto, Ligurien

Der Geist des Ortes ist schwarz-weiß. Wie die gestreifte Kirche Sant'Andrea oder die Loggia Medievale: schwarze Säulen, weiße Rundbögen. Aus der Loggia heraus wurde verkauft. Ganz nah, in ähnlicher Lage, wurde angelandet, entladen, gespeichert. Geschäftig ging es zu.

Das ist die Stimmung des Ortes. Sie ist lebhaft, in Bewegung und gleichzeitig gelassen. Die Menschen haben Zeit für einen Schwatz mit beinahe jedem, der vorbeikommt. Grüße, Begrüßungen – nicht alle sind Touristen, die über die Piazza del Popolo laufen.

Der Geist des Ortes ist blau-weiß. Wie die Boote im Hafen und ihre gestreifte Persenning. Wie der Himmel und seine Cirrus-Wolken, wie das Meer, Meer, Meer und der fahle Horizont an einem Mai-Abend.

Der Geist des Ortes ist rot. Wie die meisten Palazzi – und es gibt viele davon, viele in diesem Terrakotta-Ton. Rot, ins Gelb changierend ist auch der Anstrich moderner Häuser, Betonkästen zumeist, mit Geschäften im Erdgeschoss oder Mietwohnungen in Reihe.

Selbst das Torhaus am Anleger ist rot. In seinem

Schatten warten die Touristen, tutti in coda, wenn sie mit dem Schiff in die Cinque Terre fahren wollen: nach Monterosso, Vernazza und weiter.

Die Menschen des Ortes sind eng mit Levanto verbunden. Viele von ihnen haben hier einen zweiten Wohnsitz. Als kleine Kinder haben die Erben der Palazzi am Strand und in den Straßen Levantos ebenso viel Zeit verbracht wie in ihrem eigentlichen Zuhause. Levanto ist für sie zweite Heimat und für manche die eigentliche. Ein Sehnsuchtsgefühl bindet sie an den Ort. Sie kommen wieder, jeden Sommer, auch im Februar manchmal, wenn schon die Sonne alle wärmt und bräunt, die sich stehend an die hohe Mauer nah des Casinòs lehnen. Zu den großen Festtagen treffen sich auch die Familienmitglieder, die sich sonst nicht so oft sehen. Alle bringen ihre Kinder mit, ob groß, ob klein. Ihre Kinder spielen mit den Nachbarskindern, auch mit den Kindern der Fischer, der Lebensmittelhändler, der Restaurantbesitzer.

Renzo frühstückte immer, wenn er in Levanto war, im Caffè Roma an der Piazza Staglieno, nicht weit von der Loggia Medievale. Auch heute näherte er sich mit federnden Bewegungen, beinahe tänzerisch. Als Erstes griff er zur Gazzetta dello Sport, noch bevor er den Caffè bestellte, und ging lesend nach draußen auf die provisorische Terrasse. Vertieft in die Sportnachrichten setzte er sich.

Lesend streichelte er mit zwei Fingern der linken Hand seinen Halsansatz. Seine auffällige Armbanduhr – sie war gleichzeitig von elegantem Design – rutschte dabei auf seinen Arm zurück. Als er den rechten Arm aufstützte und sich tiefer über die Zeitung beugte, wanderten seine Finger auf den Oberarm und glitten am Rand des ärmellosen T-Shirts entlang über seine ebenmäßige Haut.

Ganz in die Berichte versunken, führte Renzo den glatten Stein, der an einem Lederband um seinen Hals hing, an seine Lippen. Sein silberner Ring und der Armreifen glitzerten dabei in der Sonne.

Zur gleichen Zeit arbeitete Anita schon. Für die Zigarettenpause ging sie auf die Piazza Cavour, den zentralen Platz, den ehemaligen Innenhof des Klarissenklosters. Sie verschwand dann zwischen den Leuten, selbst wenn dort – wie heute – nicht Markt war. Es gab lange Schlangen vor dem Gemeindebüro, und diejenigen, die auf die Schlange Stehenden warteten, verteilten sich auf dem Platz. Die meisten waren Touristen, die sich eine Genehmigung zum Abwandern der Wege zwischen den Dörfern der Cinque Terre holen wollten.

In der Bank zu arbeiten verlangte ein dunkles Kostüm, da war nichts zu machen. Das Einzige, was Anita tun konnte, war das Jackett eng tailliert zu wählen und den Rock tief geschlitzt. So sah man wenigstens, wie dunkel ihre Beine waren, wie gleichmäßig gebräunt. Sie trug hochhackige weiße Schuhe auf dickem Absatz, die neuen jetzt, die eng anliegen am Fuß und bis über die Knöchel reichen.

Unruhig zog sie an ihrer Zigarette. Die kleine Pause stand ihr zu, dennoch würde der Abteilungsleiter genau mitgezählt haben, wie viele Minuten sie draußen blieb. Sie fand ihn nur anstrengend. Überhaupt war dieser Job nichts für sie. Ständig kontrolliert zu sein, sich keine Regung anmerken zu lassen, sich selbst den Mund verbieten zu müssen. Sie schob ihr Unwohlsein auf den Zwang der leisen Geschäfte. Tatsächlich hatte sie sich mit der Bewerbung bei der Bank in eine Umgebung vorgeschoben, deren Klasse sie nicht besaß.

Am Mittag saß Renzo im kleinen Park zwischen Caffè Roma und Loggia Medievale auf einer Bank und hielt das Handy in der Hand.

Wie kommt er eigentlich …?

Der Küchenchef vom La Loggia hatte ihn gefragt, ob er aushelfen wolle. *Muss das irgendwie gemerkt haben. Schon wieder kein Empfang. Dass ich mich für Rezepte interessier'. Grad zwei Pünktchen! Dass ich es mir lecker mache, auch für mich ganz allein.*

Renzo hatte es bei Weitem nicht nötig, in den Ferien Geld zu verdienen. Das wusste auch der Küchenchef. Er wollte Renzo damit unter Leute bringen.

War wohl eher ne nette Geste …

Aber nicht die Fürsorge war Renzo unangenehm, nicht, dass jemand seine Eigenbrödelei durchschaut hatte – zu reden machte ihm Mühe.

Der schwätzt doch so unendlich, der findet immer eine Geschichte … Wozu hat man hier eigentlich ein Smartphone?

Nun waren es drei Pünktchen, die ein stabileres Netz ankündigten, noch immer zwei zu wenig.

Aber Beppo ist noch schlimmer, der fragt. Der fordert dich heraus. Will immer wissen, was man meint …

Renzo starrte vor sich. Er sah Tintenfische auf dem großen Schneidebrett, Zucchini mit Blüten, Artischocken mit eleganten Spitzen. Und Luisa mit ihrem festen Zopf an der Spüle. Sein Brustkorb hob, weitete und senkte sich unter leisem Stöhnen.

… und die erst. Was …? … wenn ich wieder kein Wort raus kriege? Womöglich noch anfange zu stottern?

Die Vorstellung, mit netten Leuten Hand in Hand zu arbeiten, edle Küchendüfte zu teilen und, wenn auch spät, selbst gut zu essen, konnte den drohenden Zwang zur Kommunikation nicht wettmachen. Renzo stand abrupt auf.

Nicht arbeiten müssen und es dann doch irgendwie tun – so war das Leben der Palast-Erben.

Ihre Ferien an der Riviera di Levante waren lang. Sie genossen den Blick auf das sich stets verändernde Meer, sie fühlten die Berge im Rücken, die sich rechts und links der Bucht steil ins Meer hinabstürzten, und manchmal begingen sie auch die alten Maultierpfade unter Kastanien oder Kiefern bis hin zu den bröckelnden Terrassen, wo noch immer der Wein wuchs und die Obstbäume Frucht ansetzten, obwohl viele nicht mehr gepflegt wurden.

Anitas Familie dagegen hatte es mit den Touristen zu tun, die einer Ameisenkarawane gleich die Hänge der Cinque Terre entlang krochen und nicht zu fotografieren vergaßen. Sie alle wollten ja essen und schlafen und frühstücken und vor allen Dingen Proviant kaufen.

Noch in der Bank fasste Anita den Plan. Vernazza im Mai und ein Feiertag. Die Franzosen hatten ein verlängertes Wochenende und die Deutschen auch. *Benissimo!* Es würden viele Leute in Vernazza sein, und so sollte sie fahren.

Am Morgen hatte sie das dunkle Kostüm mit dem geschlitzten Rock nur kurz gestört. Es hing im Weg und verlangte Gemessenheit wie in seiner üblichen Umgebung. Sie hatte es schnell beiseite gehängt und dann die kurzen weißen Höschen gegriffen, den BH mit den gekreuzten Trägern und das luftige Nichts zum Drüberwerfen. Sie hatte in den Spiegel geschaut und ihre Bräune überprüft. Gut, dass sie im Winter immer nachhalf. Das machte jetzt mit der Sonne einen perfekt gleichmäßigen Bronzeton. Hätte ihre Mutter ihr über die Schulter geschaut, hätte die sich erschrocken, dass die Haut einer Fünfundzwanzigjährigen so alt und müde aussehen konnte. Anita fand sich richtig mit dem wüsten gelben Haarschopf und diesem Bronzeton der Haut.

Sie war rechtzeitig am Hafen gewesen und hatte auf der Fähre den Platz am Bug erobert. Sie konnte sich anlehnen und stehend ihre gebräunten Beine übereinander werfen. Hier wurde sie gesehen. Anita genoss den Fahrtwind, sie genoss die Sonne und überprüfte durch die dunklen Gläser ihrer Sonnenbrille die Blicke der Fahrgäste. Fast alle sprachen Französisch. Sie waren zu alt. Knittrig – entweder das oder mit kleinen Kindern. Unzufrieden drehte sie sich herum und schaute in die Bugwelle. Fast unwillkürlich drehte sie sich bald wieder und zeigte ihre Beine.

Das Schiff legte an. Anita überlegte, ob sie ihren Lieblingsplatz neben der Burg nehmen sollte. Da gab es einen spitzen Winkel, auf den die Leute von unten kommend hinschauen mussten. Aber bei dem Publikum heute machte das wahrscheinlich keinen

Sinn. Einer, der ihr gefallen könnte, würde da nicht vorbeikommen. Also blieb sie gleich am Hafen auf den schwarzen Felsen sitzen. Sie schaute auf den Platz und schob gedanklich einen Mann nach dem anderen zur Seite wie die Bügel in ihrem Kleiderschrank.

Sie griff zu ihrer Schachtel und zog mit spitzen Fingern eine dieser langen dünnen Zigaretten heraus. Tiefe, schnelle Züge. Sie blickte ab und zu auf das Ende der Zigarette, stieß den Rauch aus und zog wieder, während sie aufstand. Unruhig ging sie vor dem schrägen Felsen auf und ab. Sie setzte sich wieder und platzierte ihre Beine. Sie dachte an ihre Freundin, die sich manchmal in eine Bar setzte, nur um die Leute anzugucken. Statt Kino. Das, was sie hier vor Augen hatte, war eine Massenszene in einem eher schlechten Film. Nichts langweiliger als sehr viele Leute. Aber hatte sie nicht genau das gewollt? Die vielen Augenpaare, die vervielfältigten Möglichkeiten?

Ihr Blick wurde müde, sank auf ihre Knie. Einzig gut, dass sie noch ein bisschen brauner werden würde. Da klingelte es wie ein amerikanisches Telefon in einem Film der Sechzigerjahre. Ihr Handy.

„Pronto?"

„..."

„Ah. Renzo."

Dieser Deficiente, dachte sie.

„..."

„Was geht Dich das an!“

„...“

„... Kann man einiges denken, wenn man allein ist und der Tag lang.“

„...“

„So. Und wo bin ich gerade?“

„...“

„Du brauchst nur um die Ecke zu gehen und schon hast du mich? Falsch geraten.“

„...“

„Das werde ich dir auch noch erzählen. Fehlt nur noch, dass ich dir sage, was ich hier mache.“

„...“

„Ach hör auf, jetzt ist es aber gut.“

„...“

„Was?“

„...“

„Das ist doch nicht wahr.“

„...“

„Wo?

„...“

„Wo hast du das gefunden? Zeigst du mir das?“

„...“

„Ja. Warte. Wie? Am schnellsten ... *Un momento*. Also, eh, eh, eh, *alle cinque*.“

„...“

„Wohin? Zu dir. Okay. Ich komme.“

Kann das sein? Heute kann alles sein. Spanner überall. Stalker oder wie das heißt. Ach Quatsch, Arschlöcher. Und jeder fotografiert, jeder, überall, immer, einfach. Klick. Wer hat mir das nur angetan? Ich hab Feinde. Wer? Wen? Warum nur?

Anita ging los. Ihre kleine Handtasche konnte kaum Schritt halten mit ihr.

Ich und Zug, wenn das jemand hört!

Sie war wirklich noch nie mit dem Zug von Vernazza nach Levanto gefahren. Sie nahm, ja klar, das Schiff! In ihrer Kindheit hatte ihr Vater sie immer im Motorboot mitgenommen. Also: Der Bahnhof musste in der Mitte des Ortes liegen. Hinter den wabernden Massen. Sie stieß rechts an einen Rucksack, links an die Schulter einer Frau. Madonna! Vor ihr verlor ein Mädchen einen ihrer Schlappen. Vor sich hin murmelnd drängte Anita an ihm vorbei. Dann spürte sie Trekking-Stöcke an ihren Waden. *Porca Miseria!* Das hatte ihr gerade noch gefehlt, dass sie hier auf die Steinstufen fallen würde. Die mit den Stöcken war eine Engländerin, auf Englisch drohen konnte sie auch.

Was glauben die denn, was sie sich hier erlauben können?!

Und wieder diese undurchdringliche Masse von Franzosen! Als sie endlich sah, wo die Fahrscheinautomaten standen, war die Schlange so lang, dass sie anfing, laut zu fluchen. *Porco Giuda!* Konnten nicht für die Franzosen eigene Automaten aufgestellt werden? Italiener, Deutsche, Japaner würden sich die anderen schon teilen. Sie drängte nach vorn, ließ auf den ersten Franzosen in der Schlange herabregnen, wie eilig sie es hatte, und erntete nur einen verständnislosen Blick.

16.44 Uhr. Schon fuhr der Zug ein. *Gut, dann eben ohne Fahrschein. Hinein und Platz.* Mit zitternden Fingern kramte sie ihr Handy aus der Tasche. Als sie ihren Namen bei Google eingeben wollte, vertippte sie sich dreimal. Dann ging die Seite auf: Nichts. Der Hinweis auf ihren Facebook-Eintrag. Und auch da: Nichts. Nichts Besonderes.

Hatte dieser Deficiente sie getäuscht? Sie sank in sich zusammen. Nein, das konnte nicht sein. Er war ein bisschen beschränkt, aber nicht bös, eher zu lieb, eigentlich viel zu lieb.

So etwas Gemeines konnte er gar nicht, so unglaublich, so verdammt bös, so – ihr fehlten auch in Gedanken die Worte – so konnte Renzo gar nicht sein.

16.50 Uhr. Levanto. Buggi vor ihr, Kinder rechts, Kinder links. Alles stolperte. Sie schaffte es endlich hinaus aus dem Zug und hetzte weiter, weiter. Eine alte Frau, das weiße Haar sorgfältig blondiert, schlurfte an zwei Stöcken vor ihr die Straße entlang. In ihren mit Steinchen besetzten Sandalen musste sie vorsichtig gehen. Anita begutachtete nur aus den Augenwinkeln den lilafarbenen Nagellack auf den Zehen der Alten und stieß prompt mit deren Mann zusammen. *Perdono!*

Der Weg vom Bahnhof ins Zentrum war so weit! Rechts dann eine Ampel vor einer Straßenverengung. Anita wusste nicht, was die bedeuten sollte. Als Fußgängerin konnte sie weiter, also rannte sie. Die Handtasche flog hinter ihr her. *Nein, auch das noch!!!*

Die Fahrstraße führte ja nach oben. Das war es nicht. Also zurück. Dann musste sie bestimmt links. *Genau.* Anita glaubte die Richtung gefunden zu haben. *Noch in diese Gasse – nein, ein Container ... weiter, weiter. Per Giove! Jetzt auch noch Autos. Auf die Fußgängerseite! Gerüst, unten Fußgängertunnel. Nein!* Das Ende war mit einem roten Netz versperrt.

Atemlos stand sie schließlich vor der Loggia Medievale. *Und jetzt? Rechts vorbei oder links?* Wo wohnte Renzo noch mal? Rechts ging wahrscheinlich nicht. Da ging es zum Uhrenturm. *Also links rum über die Stufen. Ah, da war es ja.*

Sie klingelte, Renzo öffnete und dann standen sie einander gegenüber. Scheu. Unbeholfen. Voller Scham sie beide. Renzos Hand bat sie herein, nur eine Geste zeigte auf das Zimmer, in dem der Computer stand.

Als Anita neben Renzo vor dem Bildschirm saß, als sich die Seite öffnete, er weiter klickte und sie plötzlich sich selbst sah, nackt, so, wie sie sich nie hatte selbst sehen können, und wie sie sich nur dem zeigen wollte, dem sie vertraute, tat sie einen Schrei.

Was guckst du denn für Seiten?

Für einen Moment blieb sie starr, die Augen aufgerissen. Dann sank ihr Kopf zur Seite und fand Renzos Schulter.

Nun wurde er starr. Er fühlte Warmes an seinem Leib. Er hielt den Atem an. Er fühlte und fühlte nach. Dann löste er seinen linken Arm vorsichtig aus ihrem Haarnest. Seine Arme bewegten sich wie automatisch und umschlossen den weiblichen Körper wie den eines Kindes.

Noch immer atmete er sehr vorsichtig. Er spürte eine kleine Feuchte. Sie breitete sich aus, je länger Anitas Tränen durch die Fasern seines ärmellosen T-Shirts sickerten. Renzo spürte zum ersten Mal in seinem erwachsenen Leben für einen kurzen Moment Körper und Nähe.

Als Anita wahrnahm, dass Renzo seine Arme um sie gelegt hatte, schreckte sie hoch. Mit einer heftigen Bewegung befreite sie sich. Wer war das gewesen? Wer hatte diese Fotos gemacht?

Sie erinnerte sich an die Situation, das wohl, es war guter Sex gewesen und eines der seltenen Male, wo sie jemanden zu sich mitgenommen hatte. Aber wer konnte da wie fotografiert haben? *Cazzo!* Und wie konnte jemand erreichen, dass die Fotos dann auf dieser Seite sichtbar waren?

„Wie geht das, Renzo?"

Renzo, so ausgesucht gekleidet wie immer, schaute sie an. Er glättete sein vorn in Pastellfarben bedrucktes T-Shirt. Dann bückte er sich und zog die kurzen Reißverschlüsse hoch. Nun umschloss die pistazienfarbene Hose eng seine Waden. Er richtete sich wieder auf.

„Jemand hat dich verkauft."

„Madonna, Madre nostra!"

„Es gibt da so Seiten."

„Woher weißt du das alles? Was hast du damit zu tun?"

„Gar nichts, Anita, glaube mir, bitte. Ich gucke mir manchmal Frauen an, das brauch ich. Da habe ich dich zufällig gesehen."

„Und dann wolltest du mich rumkriegen. Cazzo!!"

„Anita, nein! Das stimmt nicht. Anita! Wir kennen uns, seit wir Kinder sind! Alle im *Borghetto* kennen dich – oder mich. Du hast mir leid getan, ich wollte Dir helfen."

„Wer ist bloß so hundsgemein? Wer will mir das antun? Hat es dir jemand erzählt? Schiebt Dich jemand vor, mir das zu sagen? Ist der zu feige? Disastro! Un disastro. Ein Fiasko."

Renzo schaute Anita hilflos an.

Er hob die Arme.

„Nein, Anita! Das war Zufall. So ist das alles

nicht." Renzo ging in die Küche, holte Wasser.

Es brauchte lange, bis Anita sich beruhigte. Am Ende stand ein Plan.

Sie würde sich in der Bank krankmelden und dann verreisen. Den Schock woanders verdauen. Frage war nur, was sie ihren Eltern erzählen würde. Ihre kleine Wohnung lag im Haus der Eltern, sie musste ihnen irgendetwas sagen. Dass sie eine Dienstreise machen sollte, endlich, endlich wurde ihr mal etwas zugetraut, und deshalb musste sie das auch machen, so von jetzt auf gleich.

Anita verabschiedete sich von Renzo. Sie gab ihm die Hand. Dann fiel sie ihm doch noch um den Hals. Nur kurz, sie musste schließlich Koffer packen.

Ihr Blockabsatz knallte auf das ebene Pflaster vor der Loggia, dem mittelalterlichen Bau, der einmal auf dem Strand gestanden hatte. *Koffer packen, Koffer packen.* Anita murmelte vor sich hin. Was sollte sie denn mitnehmen?

Als sie vor ihrer Haustür angekommen war, war ihr nur eines klar. Sie wusste nicht, wohin.

Warten

Die Linden duften dieses Jahr so stark. Ein paar Schritte gehen. *Was für eine abstruse Konstruktion! Wir reisen ihren Dienstreisen hinterher. Er an ihrer Seite und ich als seine Frau im Schatten.*

Besser ein paar Schritte gehen. Einfach auf den Friedhof. Steine aus rosa Granit, kyrillische Schrift. Der fünfzackige Stern in Reih und Glied. Hammer und Sichel, der Roten Armee zu Ehren, und direkt daneben ein Labyrinth! *16:26 Uhr. Früher ist er sofort losgegangen, sobald seine Frau aus dem Haus war. Oder dem Hotel. Schon zwanzig Minuten über der Zeit. Nicht so weit weg gehen.* Wie groß hier die Plätze sind. Mehr Himmel in den neuen Bundesländern.

Herr und Hund, der eine so schnittig schön wie der andere. Standen die nicht eben noch vor dem Antiquitätengeschäft? *Es kann nicht sein, dass er nicht kommt. Ein integrer Mann, so fühlt es sich doch an. Immer war er pünktlich oder zerknirscht, wenn er aufgehalten wurde. Viel zu oft schuldbewusst, wo ihn doch gar keine Schuld traf.*

Was für ein Paar, die beiden da! So wollen wir nicht werden, so langsam, sie schwerfällig vor lauter Körpergewicht. Oder doch? Sie gehen Hand in Hand, er streckt den Arm so, dass sie geleitet und gestützt ist mitsamt dem Glitzerbären an ihrem Revers. Fürsorglich ist er, auch sein schwarzer Haarkranz neigt sich ihr zu. *16:35 Uhr. Ich rufe da jetzt an. Ich bin ja völlig gelähmt. Und außerdem hier festgenagelt. Ich könnte mir das schöne Potsdam auch alleine ansehen.*

Das Paar da drüben auf der Bank verbreitet auch nicht gerade eine heitere Stimmung. Lang und dünn der Sohn mit Kaiser-Wilhelm-Schnurrbart im ausgemergelten Gesicht, großbusig und mit ausladenden Hüften die Mutter, hennagefärbtes Haar. Rauchen sich zu Tode, beide. *Eigentlich ist es ja auch ein Abenteuer. Wenn nur nicht diese Warterei immer so quälend wäre. Ich will die Tränen nicht. Das ist ja ein Kinderschluchzen. Wie ein verlassenes kleines Kind steh ich da, mit 53 Jahren.* Nachträglichkeit, diesen Begriff hat Freud wieder abgelegt und nicht weiter verwendet. Dabei ist er doch ganz treffend. Immer trägt das Unbewusste einem das einst Erlebte nach. Auch nicht schlecht, man hat seine Geschichte immer dabei. Macht irgendwie vollständig, so ein Gepäck.

Wer bringt denn da den Sessel in das Antiquitätengeschäft? Der Mann muss so alt sein wie der Sessel. Nein, es ist ein junger Mann, im Cut. So ein junges, jungenhaftes Gesicht! Dabei sind die Locken doch schon grau. Die haben da meine Weingläser, die elsässischen mit grünem Stiel.

Er *ist* jung. Ich kann ihn gut erkennen durch das Fenster. Und er sieht aus, als hätte man ihn aus einer längst vergangenen Zeit geholt. Bis 18.00 Uhr ist hier geöffnet. Da kann ich, könnten wir nicht noch einmal wiederkommen. *Nun kauf sie doch!*, hatte meine Mutter gedrängt. Sie hatte ja recht, als sie mich damals in Erfurt ermutigte, die zehn Gläser antiquarisch zu kaufen. Die hier sind nicht ganz so schön und außerdem nur drei. Ich würde die gelbstieligen nehmen.

Etwas zu bedeutungsvoll, wie der junge Mann da drinnen Gläser vor die Augen hält, um sie auf Schäden zu prüfen. Anscheinend liebt er das Theaterspiel und kann doch nicht recht in die Rolle. So ungelenk. Was hat das Haar dieses Bübleins nur so grau werden lassen? Jetzt schreibt er etwas. Wie zittrig seine Hand den Stift führt! Ach, und auch die Schrift ist aus dem letzten Jahrhundert.

Was ist das für ein Ton? Antiquarisch ist auch sein Kartenlesegerät da drinnen. Aber das würde ich hier doch nicht hören. Es muss mein Handy sein. Richtig, es hat jemand angerufen. Schnell zurückrufen!

„Du? Von wo rufst Du an? Aus der Hotelhalle? Ach, ihr Termin hat sich verschoben. Ach. Ach so."

Schwarz, Rot

Es war ein Sonderangebot gewesen. Drei Tage Baden-Baden mit Übernachtung und Frühstück im Steigenberger und die Möglichkeit, Kur- und Wellness-Angebote kostenlos auszuprobieren.

Heute hatte sie die Fußreflexzonenmassage genommen. Es hatte ihr nicht gefallen. Die Praxis so kahl, riesige Räume im Untergeschoss eines Altenheims und die Masseurin so betulich. Irgendwie passte die zu den Spanngardinen aus einem festen altrosa Stoff. Spannend war einzig die Frau gewesen, die vor ihr auf der Liege gelegen hatte. Sehr dunkle, echt schwarze Haare bei einem hellen Teint. Beeindruckend.

Angeblich entspannt eine Fußreflexzonenmassage doch, dachte sie und beschloss, schnell noch eine Dusche zu nehmen. Eine Dusche würde ihr guttun. Sie musste sich beeilen, denn sie hatte ihrer Mutter versprochen, um 17.00 Uhr in der Lobby zu sein.

Als sie unten ankam, wartete ihre Mutter schon. Sie saß auf einem der Stühle, die an den Wänden entlang aufgereiht waren, ab und zu kleine runde Tische davor. Sie drückte der Mutter einen flüchtigen Kuss auf die Wange und setzte sich neben sie. Die Lobby, der große Raum mit den Flügeltüren auf beiden Längsseiten, war gleichzeitig auch die Bar, der halbrunde Tresen ans Ende des ausgedehnten Raumes platziert.

Sie stand auf. An einem solchen Ort muss man einen Cocktail trinken. Aber welchen? Über diese Frage kam sie mit dem Barkeeper ins Gespräch. Nein, auch an anderen Tagen sei es so leer. „Seitdem die Zimmer mit Fernsehern ausgestattet sind. Heute kommt keiner mehr herunter", bekräftigte er. „Die Leute reden nicht mehr miteinander."

Wie um ihn Lügen zu strafen, kam in diesem Moment eine weitere ältere Dame und setzte sich an ein Tischchen auf der gegenüberliegenden Raumseite. Es dauerte nicht lange, da hatte sich zwischen den beiden Alten ein Ping-Pong-Spiel entwickelt, Bemerkungen hin und her, laut an die jeweils andere Wand gespielt.

Sie bemerkte, dass sie dem Inhalt gar nicht folgen konnte. Das „Damals", über das geredet wurde, war nicht eigentlich uninteressant, aber ihre Gedanken drifteten immer wieder ab. Sie hätte den letzten Satz nicht wiederholen können.

Sie rutschte vom Barhocker. Mit einer kleinen Bewegung beugte sie sich herab, bot ihrer Mutter den Arm und führte sie hinüber.

„Nicht wahr", sprach sie die fremde alte Dame an, „so ist es doch viel einfacher, sich zu unterhalten."

Sie setzte sich wieder zum Barkeeper an den

Tresen. Der Cocktail schmeckte gut und hielt ihr Gespräch in Gang. Abwechselnd schlug sie das rechte Bein über das linke und wieder das linke über das rechte. Irgendwann fing ihr Fuß zu wippen an. Jetzt wurde es ihr bewusst: Da war Musik, hier und jetzt, ein lebendiger Mensch spielte in der Nähe. Sie drehte sich um und schaute zu dem weißen Flügel hinten am anderen Ende des Raums.

Ihr Blick streifte eine Gestalt, die in diesem hinteren Teil der Lobby an einem Tischchen saß. *Schwarz* nahm sie wahr und *Rot*. Sie schaute genauer hin. Schwarze Hose, darüber eine lange schwarze Bluse und rote Schuhe. Keine schlanke Figur, aber doch eine straffe Kontur. Schwarze Haare, Kurzhaarschnitt. Die Frau hob das Gesicht. Ein leuchtend rot geschminkter Mund vor heller Haut.

Sie stand auf. Sie schritt durch den Raum, blieb vor dem hinteren Tischchen stehen und deutete mehr mit dem Kopf als mit dem Oberkörper eine Verbeugung an. Die schwarzgekleidete Frau schob ihren Stuhl zurück und kam zu ihr auf die Tanzfläche. Der Parkettboden war doch eine Tanzfläche – etwa nicht?

Ein kurzer Moment der Unsicherheit, in dem sich entschied, welche folgte und welche führte, und schon bewegten sich die beiden Frauen im Walzerschritt durch den Raum.

So angesporntentwickelte der Pianist sein Repertoire an Tanzmelodien und führte die beiden einmal durch alle Standardtänze. Dann spielte er wieder einen Walzer und noch einen.

Sharona – so würde sie als Musikerin heißen wollen – bemerkte, dass sie schwitzte und dass sie bisher kein Wort mit ihrer so vollendet tanzenden Partnerin gesprochen hatte. Foxtrott. Eigentlich war sie doch nicht auf den Mund gefallen. Sharona wunderte sich über sich selbst. Sie wusste einfach nicht, wie sie ein Gespräch eröffnen sollte.

Quickstepp. Sie fasste die Schwarze enger und raste mit ihr über die Diagonale. Zum Glück schloss der Pianist einen Jive an. Das war auch noch schnell genug, damit Sharona nicht sprechen musste. Aber dann folgte ein langsamer Walzer.

„Wissen Sie", begann sie. „Wissen Sie, was mich beschäftigt?"

Die andere richtete den Kopf ein wenig auf, den sie für den Walzer nach hinten geneigt hatte.

„Ich frage mich: Wie kann ich meine linke Hand kräftigen?" Sie stellte ihren rechten Arm aus und bot der Partnerin so die Gelegenheit, im Trippelschritt um sie herum zu tanzen. „Beim Gitarrenspiel, meine ich." Sie führte die Schwarze links herum. Wiegeschritt. Rechts herum.

Sharona ging noch einmal in den Wiegeschritt. Die Schwarze hatte ihren Kopf wieder zurückgelehnt.

„Ich meine, mmh, also, ich meine, ich habe nur ab und zu Gelegenheit zu üben."

Das Mädchen mit dem Röckchen

Der Engel hatte aufgehört zu kreisen. Selbst die längste Trance endet irgendwann. Lange hatte er sich gedreht, gewiegt, hin – her, her – hin. Wetterwendisch, hatten die Leute gesagt: Das Mädchen hängt sein Röckchen nach dem Wind. Die Menschen unter den Kastanien hatten nicht wirklich sehen können, geschweige denn ermessen, was hier oben, hoch über den bunt glasierten Ziegeln auf den Dächern des Münsters, geschah. Es war ein Tanz.

Anfangs war das Scharnier gut geölt. Ein Windhauch hatte genügt, den Engel in Bewegung zu versetzen. Mit geschlossenen Augen hatte er sich gedreht, sich der Berührung des Windes hingegeben. Konzentriertes Kreisen: eine Anbetung.

Das summende, manchmal sirrende Geräusch des Windes in den Rosetten und sandsteinernen Turmspitzen hatte ihn unterstützt in seiner Hingabe an das Göttliche. Derwische, die in ihren flügelärmeligen Gewändern die Arme ausbreiten, die den kleinen Kreis spiralig auf die große Kreislinie setzen dürfen, haben es leichter. Der Engel war bei ausgestreckten Armen doch verpflichtet, die Hände zum Gebet gefaltet zu lassen, aber er war glücklich gewesen damals an seinem Platz auf der Spitze des Dachreiters. Stolz auf den zeitlos modernen Schnitt seines Röckchens hatte er sich dem Wind geboten, herzensfroh. Auch dann noch, als das Scharnier zu rosten begann und die Bewegung mehr ein Umschlagen wurde, vor – zurück, vor – zurück.

Eins mit seiner Aufgabe hatte er die Kontemplation gewahrt, als der Rost die Bewegung schließlich zum Stillstand gebracht hatte. Klaglos hatte er hingenommen, dass das Gold seines Kleides zu blättern begann. Die Farbe hatte sich in Röllchen aufgeworfen und war nach und nach vom Wind davongetragen worden.

Eine lange Zeit des Duldens hatte begonnen. Mindestens 500 Jahre musste es her sein, dass das letzte Fetzchen Gold weggeflogen war. Nackt hatte sich der Engel gefühlt, blass kupfern wie er da war. Er war froh, als das Alter ihm langsam eine zweite grüne Haut wachsen ließ. Wie hätte er sonst aushalten können, dass auf einmal Menschen zu ihm hochkamen und ihn schamlos anguckten. Sie bauten ein Gerüst, bis sie mit ihm auf Augenhöhe waren.

Die ersten Männer, die oben angekommen gerade noch die letzten Rohre verschraubten, schauten gelangweilt sofort weg und zum Rhein hinunter. Dann aber kam jemand, der ihn lange und liebevoll anblickte und seine vitriole Haut vorsichtig betastete, ein zartgliedriger Mann mit sehr schwarzem Haar. Er sagte: „Mädchen, du, mit dem Röckchen!“, sprach zu ihm, meistens aber fremde Laute, die der Engel nicht verstand, deren Ton er dennoch gern hatte. Er spürte das Wohlwollen, Zuneigung, die mitschwang.

Der Mann begann, ihm ein Haus zu bauen, ein Einraumhaus mit großen Fenstern, durch die man über die Stadt auf die hügeligen Berge schauen konnte. Er hatte den Raum als Wohnzimmer gestaltet, dem Mädchen einen Tisch aus schwarzem Resopal um den Fuß gegeben, nah genug, dass es sich nach der Zeitung hätte bücken können. Ein Sofa und zwei rote Sessel stellte er auf und Bücher ins Regal, sodass, wer hinaufkam, sich eingeladen fühlen konnte zu bleiben.

Es wurden aber so viele Leute – am 18. September 2002 waren es schon 9000 – die zu dem Mädchen hinaufgepilgert waren, dass selbst die Kinder wussten, sie mussten schnell wieder absteigen, weil andere ungeduldig warteten. 9000 Menschen in einem Sommer, nachdem das Mädchen mindestens 600 Jahre allein bei Gott gewesen war. 18 000 Augenpaare! Was nutzte da die ganze Intimität seines Wohnzimmers!

Das Mädchen ist wütend, stumm vor Zorn. Da bietet sich die Gelegenheit, ihnen allen endlich Bescheid zu geben. Zwei Damen mit rot geschminkten

Lippen, elegant und aufregend gekleidet, sind heraufgekommen. Sie haben ein Horn mitgebracht, die Spitze, die Tröte sozusagen, ist abgebrochen, das gute Stück ist womöglich älter als das Mädchen selbst. Die Öffnung aber ist wunderschön ziseliert in Bronze gefasst. Die Ältere der Damen hält das Horn vor des Mädchens Mund, damit die andere ein Foto mache.

Das ist sein Moment!

Das Mädchen bläst aus vollen Backen. In einem markerschütternden Ton entlädt sich der angestaute Ärger. Die ohnehin schwankende Plattform, auf der das Wohnzimmer aufgebaut ist, beginnt zu wackeln, zu kippen, bricht zusammen und begräbt nicht nur die elegant gekleideten Damen unter sich.

Findung

Nicht er hatte dieses Hotel gesucht! „*Adora*". Sein Freund Joschko hatte das für ihn übernommen. Aber er war ja froh, anscheinend eine gute Wahl, immerhin drei Sterne ...

Er hatte der jungen Frau an der Rezeption aufgedrängt, was sie nicht wissen wollte. Auf Englisch. In einem Englisch ebenso perfekt wie dem ihren.

Yves hatte die blasse Haut bemerkt, die so typisch ist für Rotblonde, die wachen Augen der Slowenin, ihre Energie, ihre schnelle Auffassungsgabe. Er, nicht minder schnell, hatte den Grund für den überraschenden Tonfall eines Native Speakers in ihrem Englisch herausgefunden – ihre Mutter war Englisch-Lehrerin – und kurz eingeworfen: „Aha, nicht eigenes Verdienst!"

Es hatte sie irritiert, aber sie hatte nur kurz aufgeschaut und erst einmal erklärt, sein Zimmer sei noch nicht bezugsfertig, den Koffer könne er ...

Dann ergänzte sie, ihr Englisch könne einen leicht italienischen Akzent haben.

„Wie viel wissen Sie über die Verteidigung der Stadt gegen die Nazis? Wo bekomme ich Hintergrundmaterial über die Versorgung der Partisanen im zweiten Weltkrieg?"

Ohne Zögern folgte sie seinem plötzlichen Themenwechsel. Ihre Antwort war ausführlich. Sie entspannte sich zusehends, während sie sich auf den hohen Stuhl hinter der Rezeptionstheke setzte. Sie sprach über die Universitätsbibliothek und überlegte, ob sie dort jemanden kannte. Sie sprach über eine Stadtteilbiliothek und nannte jemanden, der ihm weiterhelfen würde. Sie sprach über die vielen Orte in der Stadt, die dem Gedenken gewidmet waren und wusste Plätze, an denen gespielt hatte, was ihr berichtet worden war.

Von den Partisanen sollte sein Film handeln. Das wusste er. Mehr eigentlich nicht. Er hatte nicht die Zeit gehabt, sich einzulesen.

Aber sie kannte zumindest eine Person, die er befragen konnte. Die junge Rezeptionistin war die Richtige, ihm bei dieser Vorrecherche zu helfen! Vielleicht konnte er sie später am Set einspannen.

Vorerst stellte er seinen Koffer an den Platz, den sie ihm genannt hatte. Als er sich dabei bückte, fiel ihm eine aufgebauschte Strähne in die Stirn. Zum schmalen Jackett und fein gestreiften Hemd trug er Jeans, deren Hinterteil sich auf Kniehöhe blähte.

Er bezog sein Zimmer, indem er zwei Edeljeans in den Schrank warf, ungeduldig ein Hemd auf den Bügel hängte und sich dann ins Bad begab. Er nahm ein Interdentalbürstchen. Gleichzeitig betrachtete er sein Gesicht, ließ den Blick sorgfältig vom fülligen dunklen Haar bis zum schon wieder sprießenden Bart gleiten. Zwischendurch prüfte er, ob er die Zahnzwischenräume exakt genug ansteuerte. Seine Gedanken dagegen wanderten recht frei zu unterschiedlichen Schauplätzen. Er dachte kurz an seine Mutter zuhause in Bad Homburg, an das unglückliche Ende seines letzten One-Night-Stands, an die Hausaufgabe, die er seinen Studierenden gestellt hatte, was seine Wut über den Rektor wieder aufwarf, sodass er schnell nach Ljubljana zurückkehrte und zu seinem Thema. Viele Erinnerungsorte, hatte die Rotblonde gesagt und von einem Erinnerungs-Rundweg gesprochen. Oh, hatte sie nicht erwähnt, dafür brauche man festeres Schuhwerk? Das hatte er nicht dabei. Nach einem kurzen Blick auf die Uhr entschied er sich, ein Paar Schuhe zu kaufen.

Er machte sich auf den Weg. „Durch die Gasse zum Fluss." Die Ljubljanica sei die Hauptader durch die Altstadt, hatte die Rotblonde gesagt. Aus den Augenwinkeln sah er eine Taube in den schmalen Gang zwischen zwei mittelalterlichen Häusern fliegen. Zwei Fassaden weiter schaute ein Ehepaar zu den Köpfen über einem Torbogen auf. Dort sah er einen Mann mit Bart und eine alte verhärmte Frau mit Haube. Die touristische Gattin las aus dem französischen Reiseführer vor. „Klar im Vorteil!", dachte er. Ihm dagegen blieb es eine Frage, welches steinerne Paar da in die Gasse hinabblickte.

Mit diesen Gedanken hatte er die dreigeteilte Brücke über die Ljubljanica erreicht. Schuhe!, erinnerte er sich. Das da drüben war bestimmt der richtige Einkaufstempel: Jugendstilfassade und Hermes, Gott der Kaufleute und Diebe, auf dem Dach.

Er nahm wahr, dass ihm die Tür geöffnet wurde. „Angenehm", dachte er und überlegte kurz, ob der imposante Treppenaufgang einen Schauplatz abgeben würde. Er entschied sich dagegen.

Oben die Herrenabteilung. Links „Schuhe". Da waren sie ja schon, eine Art Camel Boots: Kappe schwarzes Leder, der Rest hellgrauer Velours. Eleganza Italiana. Die konnte er nehmen.

Schnell schaute er noch in die Bekleidungsabteilung hinüber.

Sein Blick glitt eilig durch den Raum. Das war alles nicht für ihn. Anzug- und Aktentaschenträger, die da simuliert wurden. Und dann sah er doch eine outdoor-geeignete Hose. Außer den üblichen Five Pockets noch Taschen auf dem Oberschenkel und über der Wade. „Gut". Auch die war gekauft.

„Jetzt los," dachte er. „Bibliotheken", hatte sie gesagt. Genau. Mehr wissen, Umstände, Hintergründe, Personen. Bibliotheken also. In einer Bibliothek, die barock und konserviert war, seit der letzten Benutzung unverändert, sicher wohl abgestaubt, aber sogar während des großen Erdbebens von 1895 ohne Kratzer geblieben, in einer solchen Bibliothek würde er nichts finden.

Dennoch wollte er sie sehen.

Eine Frau schloss ihm die „Semeniska knjiznica“ auf, vermutlich „die“ Frau im Priesterseminar, zu dem die Bibliothek jetzt gehörte, verhüllt wie in eine Pardesü, scheinbar ohne Brüste, ohne Knie, ohne Wade, die anmutige Fessel im gesunden Schuh. Lebhaft erklärte sie das Deckengemälde. Er saß auf der alten Bank, sein Notizbuch vor sich auf der Schreibplanke, und schaute nach oben. Über dem schreibenden Papst schwebte die Taube und flüsterte ihm ins Ohr. Diesen Geist brauchte er auch. Er hatte keinerlei Idee, wie er seinem weitläufigen Thema, dieser schwierigen Zeit für Slowenien, näherkommen sollte. Auf diesem kleinen Flecken Erde sei der Zweite Weltkrieg ausgefochten worden, hatte er einmal gelesen. „Gute Formulierung“, dachte er. Nur, er fand den Zugriff nicht.

Er folgte der erstaunlich lebhaften Frau, ihren Gesten und Erzählungen, und betete das Alphabet vor sich hin. Die Regale waren mit Buchstaben beschriftet. “Y“ wie „Yves“. „Y“ war schmal. „Na, klar!“, beschimpfte er sich selbst. Unter Y, erklärte sie dann, waren die philosophischen Werke eingeordnet, aber das half seiner Stimmung auch nicht auf.

Er ließ seinen Blick noch einmal an dieser erstaunlichen Frau hinab gleiten.

Er brauchte einen weiblichen Protagonisten. „Genau, die Kridič!“, sagte ihm der Einfall. Es war eine Frau, die im Widerstand zuerst gegen das faschistische Italien und dann gegen Nazi-Deutschland eine hoch bedeutende Rolle gespielt hatte, die Ehefrau des kommunistischen Führers. Kridič oder wie der geheißen hatte, ging ihm durch den Kopf. Er musste herausfinden, was das für eine Frau gewesen war. Eine Mutter jedenfalls. Die beiden hatten eine Tochter, das wusste er von einem Foto. Sein unvollständiges Wissen stammte aus einem schmalen Reiseführer. Wie war sie in die OF, die Befreiungsfront, geraten? „Osvobodilna Fronta". Er fragte sich, auf welchem Buchstaben in dieser Bezeichnung die Betonung lag. Kannte sie Kridič schon vorher? Und was war ihr Hintergrund, wie ihre Familie, ihre Ausbildung? Mit einem Ohr hörte er der Geschichte der Barock-Bibliothek zu. 7000 Bücher. „Eines für jeden Einwohner des damaligen Ljubljana," lachte die Frau im Priesterseminar, „dabei konnten die meisten gar nicht lesen."

Die Sonne blendete ihn, als er wieder heraustrat aus dem Gebäude. Er kniff die Augen zu und überlegte. Wenn er einen Film machen wollte, brauchte er Bilder. Er sah keine vor Augen. Ziellos trat er auf den Platz, schweifte mit einem Blick die Stände unter den Marktkolonnaden und wandte sich dann der dreiteiligen Brücke zu. Erwartungslos folgte er einfach der Richtung, die sie vorgab. Erst als er abbog, einem Schild in eine Passage folgte, sah er auf der anderen Seite sonnenbestrahlt im Abstandsgrün ein Denkmal. Das musste das Denkmal des ideellen Gesamtpartisans sein: kontrollierender Blick zurück, das Gewehr unter dem gewaltigen Mantel aus Gebirgsloden versteckt. So also hatte es ausgesehen, jetzt war er auf der Spur. „Die Nationalgalerie! Da müssten doch Bilder zu finden sein!"

„Im Parterre, hinter der Tür dort drüben ist 20. Jahrhundert. Eine Ausstellung. ‚Brave New World'", sagte der promovierte Kunsthistoriker an der Kasse. Yves horchte auf. Darum war es den Partisanen doch gegangen: Befreiung von der Okkupation und dann der neue Mensch, die neue Welt.

„Eine konzentrierte Ausstellung, aus wissenschaftlicher Perspektive ganz gelungen. Allerdings, wenn Sie mich fragen, die Diskussion um den Stellenwert des slowenischen Impressionismus kommt zu kurz. Die Debatte, meine ich. Aus wissenschaftlicher Perspektive. Das war ein fortgesetzter Streit, sozialistischer Realismus versus Impressionismus! Aus wissenschaftlicher Perspektive ist es nicht so simpel wie hier gemacht: einfach den Mentor Titos nennen, der den Impressionismus rehabilitiert und basta."

„Aha, interessant", bestätigte Yves ihn. „Und was gibt es zu den Partisanen, zur Befreiungsfront?"

„Das ist es ja! Nichts. Aus wissenschaftlicher Perspektive ein Desiderat. Die Ausstellung zeigt

Staatskunst, die dem neuen Selbstverständnis aufhalf. Den ideologischen Rahmen Sloweniens als Teil Jugoslawiens, aber 1948. Zu einem Zeitpunkt, als nach der Komm-Inform-Krise nach einer neuen Identität gesucht wurde. Die ersten Jahre, Agitprop, Hausmannskunst sozusagen, fehlen. Ein Desiderat. Aus wissenschaftlicher Perspektive."

Yves wurde ungeduldig. „Vielen Dank für Ihre wertvollen Anmerkungen! Ich sehe es mir an." Er strich sich die Locke aus der Stirn und zog die rutschende Hose hoch. Um jemanden loszuwerden, konnte er auch höflich sein. Leider musste er deshalb auch auf seine Frage verzichten. Impressionismus? Slowenien war irgendwie besonders. Er spürte es an der offenen, toleranten Atmosphäre in Ljubljana. Schon als Slowenien Teil des Königreichs Jugoslawien wurde, hatte es auf eine eigene Nation im Verbund gehofft. Das Nachkriegsslowenien im Jugoslawien Titos anscheinend auch. Welche Traditionen lagen darunter? „Nicht wichtig jetzt." Er schloss den Gedanken für sich ab.

In der Ausstellung wanderte er zwischen den impressionistischen Werken hin und her. Da gab es nur einen Partisanenkurier, ein Kind, das ihn an die Pierrots Picassos erinnerte, kaum geeignet als Bebilderung eines harten Kampfes. Und den ‚*Widerstand des gewöhnlichen Volkes*', eine höchst formalisierte Darstellung, die keine Emotionen wecken konnte.

Ein kleines Bild von 1947 zog ihn an. Es war die

Studie für ein wandfüllendes Fresko in Titos Villa in Bled. Die „Parade der Arbeiter", angeführt von einer Heroine, weißes Kleid, fliegende Röcke, roter Gürtel, rotes Tuch um Kopf und Hals. Sie trägt die slowenische Tricolore voraus und das Kind auf der Schulter.

„Um sie muss es gehen", dachte er. „Um die Frau, die Mutige unter den Männern." Es musste ein Spielfilm werden, für eine Dokumentation war hier einfach zu wenig Material. Wenn er Rudolph Herzog gewesen wäre, dann wäre ihm sicher eine Geschichte zugetragen worden, die jetzt hier und heute stattfand, eine wahre Begebenheit, die den ganzen historischen Rahmen beleuchten würde. Aber er war nicht der Sohn Werner Herzogs und schon gar nicht ein bekannter Dokumentarfilmer.

„Ein Spielfilm!" Er dachte an die Rotblonde hinter der Rezeption und welche Rolle er ihr geben könnte. Vielleicht würde sie ihn ja zum Essen begleiten. Er wählte den direkten Weg zurück zum Hotel. Sein Schritt wurde fest, entschlossen. Ljubljana, diese oft als verzaubernd beschriebene Stadt, blieb ihm wie eine Kulisse. Es gab so viele Denkmale, so viele Büsten auf Stelen, an Hauswänden. Wem alles wurde hier gedacht? Es hätte sein können, dass Partisanen darunter waren. Es war ihm jetzt gleichgültig.

Er hatte Glück. Es war sie, nicht eine ihrer drei Kolleginnen, die an der Rezeption saß. Sofort legte er los. „Wo würden Sie hinfahren, wenn Sie etwas über die Partisanen erfahren wollten?“

„An die italienische Grenze, da gibt es ein Museum. Wenn Sie möchten, kann ich es im Internet suchen und Ihnen die Adresse geben.“

Er schaute ihr ins Gesicht, zu direkt als dass es noch höflich gewesen wäre. Sie war gar nicht so hübsch, wie er sie in Erinnerung hatte. Ihr Gesicht war nicht ebenmäßig. Und heute schaute sie beinahe schüchtern von ihrem Platz hinter der Theke zu ihm, dem Stehenden, hinauf.

„Wird über die Partisanen gesprochen? Ist das heute noch ein Thema?“

Er sah das Zögern in ihren Augen. Wahrscheinlich war er doch zu schnell.

Sie antwortete dennoch. „Ja, am 2. Mai machen wir einen Erinnerungsmarsch, 36 Kilometer entlang der Grenze, die die deutsche Okkupation um die Stadt gezogen hat, um sie von den befreiten Gebieten zu isolieren. 36 Kilometer Stacheldraht. Und 69 Überwachungs-Bunker. Zwei von diesen flachen Gebäuden sind noch da. Soll ich sie Ihnen auf dem Stadtplan einzeichnen?“

Sie löste ein Blatt von einem Block Stadtkarten und suchte die Stellen. Mit deutlicher Handschrift schrieb sie „Banca Lotta“.

„Wird in Ihrer Familie darüber gesprochen?“

„Ja. Mein Großvater war im Krieg. Ein Schuss traf ihn direkt über dem Ohr. Er hört noch immer nachts das Geräusch. Darüber redet er."

Eine junge Familie drängte sich in den schmalen Eingangsbereich des kleinen Hotels. Kinderwagen, plärrendes Kind, die Mutter etwas aufgelöst. Der Vater bemüht, die Situation zu meistern. Yves gab auf.

Sie war schlicht angezogen. Schwarze schmale Jeans, ein schwarzes Baumwollhängerchen, schwarze Turnschuhe. Yves zog sich die Hose hoch, warf mit unwilligem Schwung seine Strähne nach hinten und drehte sich um. „A dopo." „A dopo", antwortete sie irritiert und versprach gleichzeitig der Mutter, das Hochstühlchen zu holen.

Vor der Tür des Adora überlegte er nicht weiter, wandte sich nach rechts und stieg die Straße hinan. Rote Petunien, hölzerne Fensterläden, Kopfsteinpflaster. „Locker!", dachte er. Zehn Schritte weiter formte sich in ihm:

Anmutig
ja trippelnd
unwillkürlich tanzende Bewegung
scheu, zart, ein Reh.
Rehblond.

„Du wirst kitschig", dachte er. „Das ist ein untrügliches Zeichen. Pass auf!"

Er blieb stehen und zog sein Handy aus der Tasche. Er lud seine E-Mails herunter, blätterte sie durch, schrieb drei Antworten. Warum hatte er eigentlich diesen Weg genommen? Er kehrte um und setzte sich an der nächsten Straßenecke auf einen Stuhl. Dem Café gegenüber hing ein Kronleuchter über der Kreuzung. „Nettes Teil“, dachte er. Mit einem Espresso und einem Glas Wasser wurde er ruhiger.

Es war nicht seine Art, eine Recherche derartig unsystematisch anzugehen, wie es ihm gerade passierte. Er versuchte sich zu konzentrieren. Ein Weg entlang der Umzäunung, die die Okkupation um die Stadt gelegt hatte. 36 Kilometer Stacheldraht. Das war beeindruckend. Und ebenso beeindruckend, dass die Slowenen jedes Jahr zur Erinnerung da entlang marschierten.

Wahrscheinlich sangen sie dann Partisanen-Lieder. Jedenfalls hatte er im aktuellen Veranstaltungskalender gelesen, dass 1945 siebzehn invalide Partisanen einen Chor gegründet hatten. Er tourte bis heute.

Also Gedenk-Weg. Er zog seinen Ljubljana-Führer aus der Tasche und las nach. Der Weg führte in Teilen durch den Wald. Er schaute auf die Stadtkarte mit ihrer Handschrift. Es war nicht so weit bis zum Einstieg. Sie fragen, ob sie mitkommen würde?

Er sah wieder vor Augen, wie sie aus dem Gärtchen in den Frühstücksraum getanzt war, wie ein junges Füllen. Er verstand sich selbst nicht. Solche unverstellten Frauen waren nicht sein Typ. Die, die ihn in Berlin zum Flughafen begleitet hatte, hatte das in Highheels getan, im schwarzen Mantelkleid.

Schluss jetzt, befahl er sich. Die Rotblonde war angestellt, sie musste jetzt arbeiten. Und er auch. Er zahlte.

Von diesem Wanderweg hatte er mehr erwartet als Steinchen im Schuh und ein durchgeschwitztes Hemd. In kurzen Abständen waren rechteckige Stelen aufgestellt, die wiederkehrende Einritzung, ein stilisierter Stacheldraht, gefiel ihm wohl, die Umgebung weniger. Oft war der Platz eingeebnet und mit Bänken und Papierkorb ausgestattet. „Raststätten des Gedenkens" – er wandte sich ab.

Der Weg endete in der Weite eines Tals. Äcker, Wiesen, Wiesen und schmale überdachte Gestelle zum Trocknen des Heus. Im Hintergrund Schnee auf hohen Bergen.

Er atmete durch. Er war schon früh mit den Eltern Ski gefahren, St. Moritz, Davos. Die Berge hatten ihn gepackt. Jetzt waren sie allerdings weit weg. Er schritt eine Kastanienallee hinab und erreichte bewohnte Gegend. Ein Hinweisschild auf ein Fotografie-Museum. Gut, dass er den Presseausweis immer noch beantragte. Als Dozent an der Filmhochschule Babelsberg brauchte er ihn eigentlich nicht mehr. Literaturgeschichte im Fach Drehbuch! Was für ein Stillstand! Er wollte endlich in die Praxis.

Der Presseausweis erlaubte ihm hier freien Eintritt. Er durchschritt die ersten Säle eilig, bis er im Vorbeigehen in einem Nebensaal Fotografien entdeckte. Es waren Buntfotos aus der Zeit zwischen 1944 und 1945 von hoher technischer Qualität, großformatig. Die Bilder, die ihm die Zeit lebendig machten! Das würde man nachbauen können.

Die Fotos zeigten Slowenien zu der Zeit, so der Ankündigungstext, „als der Staat aus dem Wald heraus operierte". „Im Wald – *u sumi*", dieses Wort war ihm haften geblieben aus dem, was er früher einmal gelesen hatte. Ein magisches Wort. *U sumi* war gleichbedeutend mit Guerillataktik, mit Partisanentum, mit der Kultur der Improvisation, mit dem Wichtigen, dem Eigentlichen, dem, was Stellenwert hatte. Mit allen Staatssymbolen hatte der Staat aus dem Wald heraus gearbeitet, zusätzlich zu Militär und Geheimdienst. Es gab beinahe alle Ministerien, die meisten betrieben von der Kommunistischen Partei, auch die für Gesundheit und Kultur und ein funktionierendes Propagandasystem.

Ein Foto von Männern in Partisanenuniform bei einer Besprechung. „Political Lessons in the Wood" stand darunter.

Und da: Ein Foto mit vier Männern und einer Frau in einem getäfelten Saal, das konnte eine Verhandlung sein oder eine Art Staatsakt. Die Männer wohl hochrangig, man sah es an ihren Uniformen, hatten alle einen Namen, die Frau in ihrer Mitte nicht.

Erneut der Einfall. Die Frauen waren die Neuigkeit in diesem Abschnitt der Historie! Er sah das Foto von Zdenka Kidrič vor Augen. Sie hatte nicht etwa das Kleinkind, ihre Tochter, selbst auf dem Arm, sondern der Vater. Das Kind zwischen ihr und Boris Kidrič. Sie, sitzend, während er stand, schaute auf zu ihrer Tochter, die den kleinen Arm nach ihr ausstreckte. Ein aktiver Vater und eine Mutter, die Wichtiges zu tun hatte?

Zdenka Kidrič war 99 Jahre alt geworden, sie hatte bis 2008 gelebt. „Naja!" Er wollte keinen Dokumentarfilm machen, er brauchte sie nicht im O-Ton.

Die Frau muss ungeheuer kraftvoll gewesen sein, dachte er. Sie war Chefin des Geheimdienstes VOS gewesen, einer Einheit innerhalb der OF. System im System. 41 Monate hatte es Bestand. Der VOS rettete Aktivisten, exekutierte Kollaborateure. 70 Prozent der Mitglieder waren Frauen. Zdenka Kidrič hatte sie organisiert. Sie war Leiterin des Zentralkomitees gewesen.

Zdenka Kidrič war seine Protagonistin!

Zu seiner Enttäuschung fand er sie nicht auf den Fotos in der Ausstellung. Als er das Gebäude verließ, wusste er, wie Lederwerkstätten im Wald ausgesehen hatten, wie Verletzte fröhlich gewesen waren, wie Schweine geschlachtet und wie Begräbnisse gestaltet wurden. *U sumi*, das Leben der Partisanen im Wald. Wie Alltag in einem Zeltlager. Er glaubte es zu kennen. Was ihn beschäftigte, waren die Bilder vom Nazi-Leben, die er gesehen hatte. Paraden von BDM und Hitlerjugend in gespenstisch leeren Straßen, ein Vater in Uniform, der seinem Sohn das Schießen beibringt, eine Gruppe von Frauen in slowenischer Nationaltracht. Die Nazis, in der Ausstellung wurden sie immer „die Deutschen" genannt, hatten Antikommunisten und Konservative in Slowenien als Heimwehr organisiert und damit einen Bürgerkrieg zwischen ihnen und den „Banden", wie die kommunistischen Verbände im Jargon der Nazis hießen, ausgelöst. Die Kämpfe brachen sofort nach der Okkupation aus. Die Kommunisten gingen mit äußerster Härte gegen die Dorfwehren vor, die von den einrückenden Italienern bewaffnet wurden. Als die Italiener sich zurückzogen, gewannen die Kommunisten die Oberhand. 1943 gab es keine Freiwilligen-Milizen mehr.

„1941-1943". Vielleicht musste das der Zeitraum seiner Filmhandlung sein.

Seine Gedanken kreisten weiter, während er mit dem Bus in die Stadt zurückfuhr.

Die jungen Frauen an der Rezeption wechselten. Am Sonntag war es wieder die Rotblonde, die ihn etwas scheu auf Englisch fragte, ob er ein Ei zum Frühstück wolle. Er schaute sie an, suchte ihre Augen und nickte, suchte nach Worten, sie an seinen Tisch einzuladen. „No. No,no!", und schon drehte sie sich um, begrüßte die gerade ankommenden Frühstücksgäste auf Italienisch und bot ihnen verschiedene Arten Kaffee an. Italienisch konnte sie also auch. Und wie schnell sie von einer Sprache in die andere wechselte. Er wünschte sich, sie Slowenisch sprechen zu hören. Überhaupt wünschte er sich – er wusste nicht, was. Sie brachte den Kaffee zu den Italienern und sprang mit beiden Beinen vom Boden ab, als sie ihn überreichte. Sie tanzte, tänzelte ohne es zu wissen, in aller Anmut.

„How old are you?", fragte er unvermittelt, als sie das nächste Mal in seine Nähe kam.

„27", gab sie pflichtschuldig zurück. Ebenso gab sie preis, dass sie studierte, Geschichte, dass sie kurz vor dem Abschluss stand und dass ihre Spezialisierung der Barock war. Nun wusste er, warum er diese Bibliothek besucht hatte. ‚7000 Bücher, eins für jeden Bewohner von Lubljana.' Er hatte ein Gesprächsthema.

Sie aber setzte sich hinter die Rezeptionstheke und sprach über ihre Schulter. „Heute ist Sonntag, Flohmarkt. Sie brauchen nur über die große Brücke zu gehen, da beginnt es schon. Es gibt auch Briefmarken." Briefmarken? Hielt sie ihn für einen Briefmarkenliebhaber? Wie alt musste er ihr erscheinen? Wie spießig? Er fühlte sich wie geschlagen.

Also Flohmarkt. Warum nicht.

Überrascht stellte er fest, dass dieser Flohmarkt noch Schätze bot. Männer kauften Postkarten, an vier, fünf Ständen hintereinander. Sie zeigten sich die Motive, redeten darüber. Was sie wohl interessierte? Dann fiel sein Blick auf Waffen, die da lagen. Zwei Pistolen, Messer, Bajonette. Ihm fiel das Gedicht ein, dass er in dem Reiseführer gelesen hatte. „Not a flower – a bajonet". „Into a new world" war es überschrieben. Ja, das würde er zeigen wollen, dass mit der Verteidigung des eigenen kleinen Lebens auch die Idee einer neuen Welt verbunden war. Bewahrung der slowenischen Kultur und Umkehrung der Machtverhältnisse. „The Proletariat rises to the surface!" Zdenka Kidrič war eine überzeugte Kommunistin gewesen, bis ins hohe Alter.

Jetzt hatte es ihn gepackt. Er ging von Stand zu Stand und fotografierte Militaria. Camouflage-Jacken, irgendetwas zum Abschirmen, das er nicht kannte, Abzeichen, Orden, Mützen, die Schiffchen der Partisanen mit dem roten fünfzackigen Stern vorn. Hier würde die Requisiteurin alles besorgen können. Pistolentaschen, Patronentaschen. „How much is it?" Die slowenische Flagge und die rote Flagge mit dem kommunistischen Stern. Jetzt ging es mit ihm durch. Er fotografierte nicht mehr, er kaufte. Sein liebstes Fundstück waren zwei Kinderbücher desselben Autors. Die großen Illustrationen zeigten in allen Einzelheiten, wie es den Menschen gegangen war, als die Nazis kamen. Und wie die Partisanen gelebt und gekämpft hatten. Wie lange hatte es in Deutschland gedauert, bis endlich ein Kinderbuch mit Nazi-Uniformen, Panzern und KZ-Bildern erschienen war? Ein Buch in kritischer Absicht. Er hatte einmal eine Sendung dazu gemacht. Das war noch in seiner Zeit beim Radio gewesen. Ein Italiener hatte es gezeichnet.

Wie hieß der noch?

Als er wieder im Hotel war und die Qualität seiner Fotos prüfte, beschlichen ihn Zweifel. Jemand, der seine Absicht nicht kannte und diese Fotos sah, konnte ihn für einen Sammler von Militaria halten. Er nahm eines der Kinderbücher zur Hand, blätterte langsam Seite um Seite um, nahm auch das zweite und blätterte bis zum Ende der großformatigen Illustrationen. Er sah es jetzt: Das war eine ohne Brüche erzählte Heldengeschichte. Nazis, die die Menschen in den Dörfern bedrohen, Partisanen, die die Alten und die Kinder beschützen. Kampf Mann gegen Mann; Häuser, die brennen; Soldaten in deutscher Uniform, die Menschen zwingen, in Reihen zu stehen und Panzer, die in den Wald fahren.

Er holte den Stadtführer heraus, in dem er das Gedicht gefunden hatte.

Auf Ozeanen von Blut und Diesel
flutet die neue Welt auf uns zu.
Aus Blut und Feuer
Rauch und Gas kommt
das Proletariat an die Oberfläche.
Jedes Herz vertraut
und wirft nicht eine Blüte
ein Bajonett.
Es unterdrücke die Liebe
in sich selbst jeder,
der die neue Welt liebt.

Wie hatte er sich von der Überschrift *In eine neue Welt* so blenden lassen können? Dieser Kampf hatte mit dem freien Leben in der Natur wenig zu tun. Das Foto vom Unterricht im Wald hatte nicht ausgesehen, als ob da von gleichberechtigten Menschen die Gestaltung der neuen Welt diskutiert und abgewogen wurde. Wenn er an Zdenka Kidrič dachte, sah er sie in der Vertrautheit mit ihrem Mann und mit dem Kind zwischen ihnen. Es war nicht das Bild einer Kleinfamilie, aber doch ein Bild der Liebe.

Es unterdrücke die Liebe in sich selbst ...

Das hatte Zdenka Kidrič zweifelsohne getan. Sie hatte Exekutionen angeordnet. Die erschossen wurden, waren – bewiesen oder nicht – Kollaborateure, aber in jedem Fall doch Slowenen, Landsleute. Mit der Rekrutierung der Heimwehr und dem Versuch der Germanisierung Kärntens hatte Hitler den Bürgerkrieg entfacht. Geschürt hatte ihn der Hass auf Andersdenkende. Oder nicht?

Yves stoppte seinen Gedankenfluss und suchte nach weiteren Informationen in seinem Gedächtnis. Der ungarische, deutsche und italienische Faschismus hatte Slowenien unter sich aufgeteilt. Ljubljana gehörte 1941 zur italienischen Zone. Die kleine Hauptstadt, so stand es im Stadtführer, hatte nicht nur mit Widerstand, sondern mit einem Aufstand aller, auch der christgläubigen, unpolitischen und zweifelnden Antifaschisten auf die Okkupation durch die Italiener reagiert. 1942 verließ die politische Führung die Hauptstadt. Aber die Kommandozentrale der Partisanen-Milizen blieb. Die OF war Befreiungsfront und revolutionäres Kader in einem. Boris Kidrič hatte die OF initiiert und organisiert. Er war Kommunist. Unter seiner Führung begann die Kommunistische Partei in Ljubljana den Widerstand zu dominieren. Und die war über kurz der russischen KP hörig. Überall in Europa wurden die Kommunisten unselbständig und die stalinistische KP meinte, ohne Säuberungen, ohne ständige Liquidierung Andersdenkender nicht auszukommen.

Hatte Boris Kidrič initiiert, dass Zdenka Kidrič den Geheimdienst OVS übernahm? Hatte er das sensibelste Feld, Agententätigkeit, Spionage und Kontrolle der Gedanken derjenigen übergeben, der er am tiefsten vertrauen konnte?

Da war doch was in der Berliner Zeitung gewesen. „Die böse Grube". Ein Bergwerksstollen war geöffnet worden und hatte beinah 3000 Leichen freigegeben. „Nazi-Kollaborateure". Sie waren von kommunistischen Partisanen noch 1945, aber nach dem Ende des Krieges erschossen worden.

Die Sensationsmeldung hatte ihm vor fünf Jahren einen Stachel ins Fleisch gesenkt. Damals hatte er beschlossen, endlich einen Film zu machen. Nur hatte er die Meldung schon wieder vergessen. Er hatte mit seinen emotionsgeladenen Assoziationen zu „Partisanen" wieder zugeschüttet, was im wörtlichen Sinn aufgedeckt worden war. Sein Gedächtnis hatte gehandelt wie das Erinnerungsvermögen der Slowenen – wie das aller am Zweiten Weltkrieg beteiligten Völker.

In Slowenien überlagerte zudem ein zweites Trauma das Kriegstrauma. Das Ideal des Kommunismus war nicht verwirklicht worden. „Brave new world", wie hatte er die Ironie in diesem Zitat Huxleys überhören können?

Die Verletzungen waren nicht verheilt, eher knapp verpflasterte Wunden. Das Erlebte musste erinnert werden, der Schmerz wieder zugänglich werden. Eine Aufgabe der Kunst. Eine Aufgabe seines Films. Unter dem Anspruch verkrampften sich seine Schultern.

Heute nach Piran. Er hatte dort an der Küste ein Zimmer gebucht, als er noch glaubte, sich nach der Recherche erholen zu müssen. Jetzt aber bedeutete es Abschied von Ljubljana, dieser zauberhaften Stadt, und Abschied von – er wusste nicht einmal, wie sie hieß.

Beim Frühstück konnte er sie noch einmal sehen. Wieder Geplänkel um das Ei, wieder direkte Frage und unmittelbare Antwort. „Ich muss heute nach Piran."

„Nach Piran! Meine Heimatstadt. Da bin ich zum Gymnasium gegangen. Ich kann Ihnen Tipps geben."

Sie fragte auf Italienisch andere nach Ei und Kaffee, bediente sie und verschwand hinter der Rezeptionstheke. Sie kam mit einer Kopie der Straßenkarte zurück, suchte ihn mit den Augen. Da er in die Zeitung vertieft war, stellte sie sich neben seinen Stuhl und legte die Karte auf den kleinen Frühstückstisch. Er roch ihren Duft. Er atmete tief. Er behielt den Blick auf Tisch und Karte.

„Hier mein Gymnasium. Es ist gelb angestrichen. Das erkennen Sie bestimmt." Sie zeichnete eine Linie ins Meer und schrieb *High School*.

Piran, jetzt fiel es ihm wieder ein, war eine Halbinsel, vollständig bebaut von Meer umgeben.

„Hier das venezianische Haus, hier die Mauer – die mittelalterliche Mauer verläuft hier, oh sorry, in

Wirklichkeit ist sie hier." Sie wiederholte den Doppelstrich auf der Kopie.

„Haben Sie da gesessen und die Beine baumeln lassen?" Er stellte sich die Schülerin vor, inmitten ihrer Freundinnen. Die war genauso wie sie jetzt neben ihm stand. Rotblonde halblange Haare, gelockt, ohne wirkliche Frisur.

„Ja, da waren wir oft am Spätnachmittag. Das haben wir geliebt, da herunterzuschauen, die kroatische Küste links und die italienische Küste rechts." Er schaute ihr fragend nach, als sie sich umdrehte und die Käseplatte vom Buffet nahm. Eine junge Familie brauchte lauwarmes Wasser für ihr Babyfläschchen. Die Rotblonde kam aus der Küche zurück, er bestellte schnell und laut einen Cappuccino.

Als sie ihn brachte, fragte er sofort. „Italienisch. Haben Sie es in Piran gelernt?"

„Ja, das war in meiner Kindheit immer um mich herum. Schon im Kindergarten und in der Schule zwanzig Wochenstunden."

Ah, dieses Rätsel war gelöst. „Und was muss ich noch anschauen? Wo kann ich essen?"

Sie markierte zwei Lokale auf der Karte und suchte die Straße, in der ein drittes lag. Gedankenverloren sagte sie: „Wie oft ich mich verlaufen habe als Kind. Es war schrecklich."

„Verlaufen? Wieso?"

„Man geht rechts und muss links und wieder

links und dann rechts, und dann weiß man nicht mehr, wo man ist."

Zwei Stunden später bat er sie, ein Taxi zu bestellen. Er hatte seinen Koffer in der Nähe der Rezeptionstheke abgestellt. „Haben Sie überhaupt darauf aufgepasst?"

Sie lachte. „Ich hatte noch eine Tasche, und wo ist die jetzt?" Sie schaute erschrocken auf. Nun lachte er und bedankte sich für angenehmen Aufenthalt. Sie erklärte: „At the station Perron 12, Bus Number One. Es wird ungefähr drei Stunden dauern. Morgen komme ich auch."

Fahrig durchsuchte er sein Portemonnaie nach Münzen für das Trinkgeld, dachte: „Scheine, besser Scheine!", und sagte fest und schnell: „Ach, dann sind Sie meine Fremdenführerin." Daran hatte er nicht geglaubt, als er es aussprach, und gleichzeitig doch geglaubt.

Fünf Minuten später hatte sie eingewilligt, ihm Piran zu zeigen, wenn auch sie angekommen war.

Am Abend lief er durch die Gassen Pirans. Er suchte das Gymnasium, gelb. Es musste in der Nähe der großen Kirche sein. Das war ja eine Orientierung. Aber wie vom Hotel aus da hinfinden? Er ging links und musste mit der Gasse nach rechts. Er hielt sich links und musste wiederum nach rechts. Es war die einzige Möglichkeit. Nun verstand er, warum sie sich als Kind verlaufen hatte. Die Gassen mussten ihr wie Hochhausschluchten vorgekommen sein. War man darinnen, konnte man nichts sehen außer Haustüren und niedrigen Treppenstufen. Der Straßenbelag wechselte. Kam Kopfsteinpflaster, war es ein Anzeichen dafür, dass es am Ende nicht mehr weiterging. Es konnte aber lange dauern, bis man die Gewissheit hatte, in einer Sackgasse zu sein.

Müde fiel er ins Bett.

Er saß im Café Tartini und trank bereits das dritte Glas Wein. Er hatte eine gute Übersicht über die Piazza Tartini, den zugeschütteten Hafen, der jetzt unter einer Ellipse aus Stein lag. So viele Sträßchen, in die er nicht hineinschauen konnte, mündeten auf den Platz, dass er sich trotz hohem Sitz unsicher fühlte, ob er sie schnell entdecken würde.

Sie war die steile Gasse hinuntergelaufen und stand etwas atemlos unter dem Balkon des venezianischen Hauses. Sie stemmte sich mit beiden Füßen ab und hob sich in die Luft.

Da sah sie ihn.

Auch er hatte sie erkannt. Rotblond, wieder im schwarzen gerüschten Blüschen.

Er winkte, sie kam auf ihn zu, strahlend. Aber dann wollte sie keinen Wein, wollte sich nicht setzen, schaute auf ihre Armbanduhr und ging schon einmal voraus. Er zahlte und folgte ihr mit fliegenden Schritten. Das gelbe Gymnasium, er habe es gefunden, sei nicht so einfach gewesen. Die Rotblonde lächelte, drehte den Kopf zu ihm hin. Er schaffte es, seinen Ellbogen parallel zu dem ihren zu halten, möglichst nah. Nur kurz allerdings, es kam ihnen jemand entgegen.

Sie führte ihn zum Früchtemarkt. Stolz stand sie da und zeigte auf die Kirschen. „Meine Eltern bauen Kirschen an und Feigen. Hier werden sie verkauft."

Sofort zog er fünf Euro aus der hinteren Hosentasche. *Five Pockets* inklusive Geldtäschchen. Das war ja das Gute an seiner Erwerbung aus dem *Emporio*. Er kaufte eine Schale Kirschen und bot sie ihr an. „Ich erinnere mich daran, wie wir verbotenerweise die Feigen aufhoben in Nachbars Garten. Ich spüre noch die Sonne auf der Haut."

Sie zog ihn weiter.

Er stolperte, ließ ihre Hand los und ging zurück zu dem Straßenschild, das er mit einem Auge wahrgenommen hatte. *Partisanska Ulica*. Hatte er doch richtig gesehen. Und so berichtete er jetzt: „Erst eine Idee. Ein Spielfilm. Über Zdenka Kidrič." Sie horchte auf. Von ihr hatte sie im Schulbuch gelesen. Zdenka Kidrič war da auch zitiert. Sie hatte eine sehr detaillierte Schilderung der Illumination Ljubljanas gegeben, dieser Aktion der Partisanen, mit der sie die Soldaten Mussolinis 1943 zu Tode erschreckt hatten. Lodernde Feuer auf den Plätzen, illuminierte Boote auf der Ljubljanica, Feuer auch den Burgberg hinauf. Eine Gruppe Soldaten dort zum Beispiel hatte sich nicht getraut, es zu löschen, obwohl ein Holzfeuer kaum zwanzig Meter von ihnen entfernt angefangen hatte, zu brennen. Sie erwarteten eine Sprengung. Die Partisanen hatten im eingekesselten Ljubljana Werkstätten für Pyrotechnik eingerichtet. Das wussten die Soldaten und fürchteten, dass ihnen Steinbrocken um den Kopf fliegen würden.

„Wie heißen Sie?"

Sie schreckte auf. „Ana."

„Ana, und in Ihrer Familie? Haben Männer aus Ihrer Familie ...? Waren sie betroffen?"

„Ja, natürlich. Da gibt es auch eine Geschichte. Ich habe jemanden aus einer anderen Familie kennengelernt, dessen Onkel an derselben Stelle begraben liegt wie mein Onkel. Wenn Brüder zu den Partisanen gingen, wurden sie immer auseinander gerissen und unterschiedlichen Abteilungen zugewiesen. Sie sollten kaltblütig handeln können. Sein Onkel und mein Onkel waren zwei aus ganz unterschiedlichen Familien, die nebeneinander kämpften – und zur selben Zeit erschossen wurden. Ein Priester hatte sie verraten. Das haben viele Priester gemacht."

Yves erinnerte sich an ein Foto in der Ausstellung. Ein Priester inmitten einer Runde Männer.

So selbstsicher. Ein heimlicher Führer.

„Ja. Nebeneinander erschossen und nebeneinander begraben. Wir waren da."

„Sie konnten die Stelle identifizieren?"

„Ja, es wird ja immer so viel darüber geredet, in allen Familien. Es war hoch oben, ziemlich kalt ist es da."

Sie führte ihn zur Piazza della Salute, ließ ihn über das neogotische Türmchen staunen, das zur Kirche gehörte und gleichzeitig das Leuchtfeuer markierte. Hier war die Spitze der Halbinsel, der Blick ging weit über das Meer. Sie wusste schon. Das Thema der Führung hieß jetzt nicht mehr *Sehenswürdigkeiten in Piran*, sondern *Der Widerstand in Piran*.

Sie führte ihn zu einer Marmortafel an einem Haus an der Piazza Tartini. Die Partisanen und die Bevölkerung hatten die Tafel schon 1948 gestiftet. „Den Helden des Volkes zum ewigen Ruhm. Zur Erinnerung an all die heroischen Kameraden, die gefallen sind, um dem Volk Freiheit, Frieden und Arbeit zu geben." Eben, eben, dachte er, Widerstand verbunden mit der Hoffnung auf eine andere Gesellschaftsordnung.

Sie führte ihn ins *Museo del Mare,* wo es eine Zeichnung von dem Stacheldraht gab, der Ljubljana eingepfercht hatte. Nicht weit vom Museum gab es eine weitere Gedenktafel und ganz in der Nähe das Archiv, das die Partisanengeschichte aufbewahrte.

„Jetzt aber auf ein Glas Wein!"

Sie gingen zurück zum Café Tartini. Ana wollte noch immer keinen Wein. Sie bestellte Espresso. Sie behielt das venezianische Haus im Auge. Yves bemerkte es nicht, er redete und redete, bis sie sagte: „My boyfriend!" Der stand keuchend unter dem Balkon. Er war die steile Gasse von der Georgs-Kirche hinab gerannt.

„Es ist sein Onkel, der an derselben Stelle begraben liegt wie meiner."

Liebe im Rhythmus der Horen

Er weiß es mit dem ersten Augenaufschlag am Morgen. Er wird gehen. Er wird das Großkloster hinter sich lassen. Diese einerseits wohltuende Gemeinschaftlichkeit, diese Kontrolle andererseits, die Missgunst, die bösen Worte, die sich aus nichts anderem nähren als aus der Enge und der Verschiedenheit von neunzig Männern unterschiedlichen Alters. Ins *Ghiatrissa* wird er gehen, auf den Berg. Im Winter die Stürme, Schnee, im Sommer knallig Sonne und Wind, heftiger Wind.

Es wird keine Großtat sein, jedenfalls nicht so wie beim Jungspund, der als Erster diesen Schritt getan hat. Auf den Berg, unter die Betonkuppel, in das hässlichste Klostergebäude weit und breit. Allein und unter der Bürde dieses Namens: *Ghiatrissa.* Zu *Maria,* der *Heilerin,* pilgern Tausende jährlich am 9. September, ihrem Fest.

Er wird sein Leben ändern und er wird Maria einen würdigeren Rahmen geben als diese Raumstation. Nackter Beton unter zwei Sendemasten.

Er wird es wagen, obwohl er nicht weiß, was für eine Person der Jungspund ist, ein Hitzkopf vielleicht, ein Macher, ein Tatmensch jedenfalls.

Beim Morgengebet erscheint Dimitrios das Licht der dünnen Honigkerzen vor dem Bild der *Panaghia,* der „All-Heiligen Maria“, wärmer als sonst, tiefer golden die Ikone. „*Maria, Mutter Gottes, Du bist heiliger als alle Heiligen, als alle menschlichen Wesen. Nimm mich in Deinen Schutz. Ich bringe meine Gaben zu Deinem Altar, das, was ich geben kann, mich selbst.*“

Seine persönliche Zwiesprache mit der *Panaghia* schob sich vor die Formeln, die die neunzig Männer leise vor sich hin murmelten. Wer genau hinhörte, hätte wahrgenommen, wie kraftvoll und entspannt seine Stimme über dem Gesang der Mönche schwebte.

Beim Abt die Erlaubnis zu erwirken, wurde nicht einfach. Dimitrios hatte es geahnt. Das Kloster *Allaye* in Kalamata konnte es sich nicht leisten, auf einen wie ihn zu verzichten, auf jemanden, der sich mit besonderer Hingabe dem Studium der Schriften widmete. Es waren zu viele Laienbrüder in der Gemeinschaft, im Verhältnis gesehen. Die Aktivität des benachbarten Nonnenklosters stellte die Mönchsgemeinschaft ständig in den Schatten. Die Nonnen im Kloster *Neogreka* waren berühmt für die Seidenstoffe, die sie webten. Die Mönche züchteten die kleinen *Skyros*-Pferde, aber die eigentliche Aufgabe des Mönchtums war doch, zu beten und die Schriften zu lesen. So deutlich aber hatte es ihm vor Augen gestanden, dass er gehen würde – dass er gehen wird, dachte es weiter in ihm. Er argumentierte ruhig, sicher, erfolgreich.

Merkwürdig, dachte Dimitrios, merkwürdig eigentlich nach so einem Traum, den man niemandem erzählen darf. Er hatte eine Seite aus einem Bestimmungsbuch vor sich gesehen. „Mannstier. Kommt nur einmal", war der Text unter der Pflanzenzeichnung gewesen. Wie in der *Botanica Brittanica*. Der Name war analog zu „Männertreu" gebildet, das war ja klar. Den Zusatz verstand er nicht, außer seine botanische Bedeutung: *einjährig, sät sich nicht aus*.

An einem Sonntag ließ er sich von Kalamata auf den Berg bringen, 79 Kilometer, von denen die längste Strecke eine Schotterpiste war, die sich in Serpentinen ins *Taygetos*-Gebirge und dann lang über einen kahlen Bergrücken bis zum Kloster hinzog. Den Berg wieder hinab nach *Gythio* konnte man rollen, vom Kloster aus war die Straße geteert. Als Dimitrios das sah, wusste er, dass er künftig Erledigungen dort machen würde. Er hatte Kalamata, die Stadt, in der er geboren war, wirklich hinter sich gelassen.

Auszug auf den Berg. Was für eine Richtung!

Dimitrios war sich nicht sicher, was ihn eigentlich gezogen hatte. Die Vorstellung, sich der *Skete*, der kleinen Mönchsgemeinschaft, anzuschließen, ein „*A-sket*" zu werden, was hier ja auch beinah hieß, ein Eremit in der Einsamkeit? So ging es vielen, vor 20 Jahren war Einsiedelei geradezu eine Bewegung junger Männer gewesen. Heute waren es weit weniger, die diesen Weg gingen, es entschieden sich aber noch immer viele für das Mönchstum. Athos hatte diese Kraft. Aber die Illusion eines rein asketisch-kontemplativen Lebens brauchte er sich gar nicht erst zu machen. Das *Monasterio Panaghia Ghiatrissa* war ein beliebter Ausflugsort, nicht nur am 9. September, seinem Heiligenfest.

Zwei Meter hohe Disteln, deren Blüten Artischocken ähnelten, säumten den Trampelpfad, auf dem Dimitrios die letzten Meter zum Kloster hochstieg. Sie hielten vertrocknet Spalier, durch das schnell noch zwei Katzen schlüpften, die Mutter und ihre edel schwarz-weiß getigerte Tochter.

Der Jungspund war nicht zu sehen, als Dimitrios das Kloster von der Hinterseite her betrat. Aus den offenen Türen der Schlafräume, die für das Heiligenfest *Panaghiri* im großen Rund um die Kirche gebaut waren, strömte ihm Modergeruch entgegen. Auf dem betonierten Innenhof blühten verstreut einzelne Büsche rosafarbener Löwenmäulchen. Ein junger Hund bellte ihn an, als sei er ein höchst unwillkommener Eindringling.

Dimitrios ging langsam vor in Richtung der Kirche und schaute um sich. Lange sah er niemanden, bis ein Mönch in den Kreuzgang trat. Er hatte eine silberfarbene Mülltonne amerikanischen Musters in der Hand und zog aus einem abgestellten Karton eine große Plastikfolie heraus. Er stopfte sie in die Tonne, griff dann nach einem Besen und ging weiter im Schatten des Kreuzgangs. Die Füße unter Dimitrios setzten sich in Bewegung, wurden immer schneller. „Das ist ja riesig hier," stöhnte Dimitrios, „und dieser aufgeregte Köter!" Da stoppte der junge Mönch plötzlich seinen entschlossenen Schritt, sah dem Neuankömmling entgegen.

Dimitrios wurde langsamer. Was hatte ihn bloß zu diesem Abenteuer getrieben? Leben auf dem Mond mit einem fremden Mann!

Der schaute allerdings freundlich in seiner ganzen Alltagsentschiedenheit. Offen.

Dimitrios beschleunigte seinen Schritt wieder. Als er dem Jungen gegenüberstand, strahlte Dimitrios über das ganze Gesicht, das trotz seiner dreißig Jahre die Speckunterfütterung der Jugend noch immer nicht verloren hatte. Sein Bartwuchs war unentschlossen, was nicht für das Haupthaar galt, das Dimitrios mit einem festgewebten Band zusammenfasste, damit der geforderte kleine Nackenknoten entstand. Das Band hatte die Farben der italienischen Flagge.

Die randlose Brille, deren Bügel durch einen roten Balken betont wurden, stand in intellektuellem Kontrast zu diesem empfindsamen Gesicht.

Der hier Ältere und doch an Jahren jüngere Bruder schaut ihm mitten ins Gesicht hinein, fast ausdruckslos direkt. Keinen Schritt tut er vor, er streckt nicht die Hand aus, er sagt nichts. Er schaut den Neuen an, er mustert ihn nicht, er fragt nicht. Er scheint nicht einmal zu bemerken, dass Dimitrios unter dem Habit schwarze Röhrenjeans trägt. Dass parallel zum Reißverschluss ein weiteres Stück dieses italienfarbenen Bandes eingearbeitet ist, könnte er auch gar nicht sehen.

„*Cherete!*", „Freut euch!" Mehr als dieser alte Gruß fällt Dimitrios nicht ein. Der Junge antwortet im Alltagsjargon. „*Jassu.*" Und dann: „Willkommen."

Ein Schwall von Worten bricht sich aus Dimitrios Bahn. Dass er jetzt da sei, dass da auch noch der Bruder ist, der ihn hochgefahren hat, dass er seine Sachen hereintragen will.

Der Junge lächelt. Wartet. Und wendet sich mit einem „Nur zu!" wieder seinen Aufräumarbeiten zu. Unter seiner Kappe quillt sein langes Haar hervor, ins Braune spielendes, glänzendes Haar, das sich in lange Locken legt.

Dimitrios verfällt ins Tun. Wieder muss er an dem drohend kläffenden Hund vorbei. Bei der nächsten Begegnung wird er von den Lebensmitteln reden, die er in der Hand hat, und der Junge wird sie ohne Worte in seine Küche eingliedern. Dimitrios wird fragen müssen, wohin er mit dem Bettzeug soll und eine knappe Antwort erhalten. Schnörkellos redet der andere, und so sind auch seine Handgriffe. Seine Haltung aber ist zugewandt. Manchmal drückt sich das in einer Körpergeste aus. Dann hält er inne, dreht sich um und schaut Dimitrios ins Gesicht.

Aufmerksam. Bezogen. Eine kontemplative Gelassenheit liegt in seiner Bewegung, bis er sich dem Nächstliegenden zuwendet, den Kühlschrank öffnet oder einen Stuhl beiseite schiebt. Immer ein schnell ausgeführter Handgriff.

Der Junge gewährt dem Neuen Einlass, ohne sich im Ablauf seines eingeschliffenen Alltags unterbrechen zu lassen. Beinahe so, als liege nichts Besonderes darin, dass aus der Einsiedelei eine Zweisiedelei wird.

Eine so große Klosteranlage wie das *Ghiatrissa* zu übernehmen, konnte nicht Eremitage heißen. Ohnehin verlangte die Regel hier Mitbruderschaft. Aber es war nicht diese Selbstverständlichkeit, die er ausstrahlte. Es war etwas Selbstverständliches in seiner Person, eine fraglose Offenheit und Aufnahmebereitschaft, die vom Tun vordergründig überdeckt wurde.

Dimitrios musste sich daran gewöhnen, dass der andere stets in Bewegung war, zielgerichtet und wirksam. Er musste sich damit abfinden, langsamer zu sein. Es war ein Prozess, in dem er sein So-Sein zu akzeptieren lernte, schmerzlich und heilsamer, als es in der Gemeinschaft der Neunzig je hätte sein können.

Es schien ihm, als ob vom anderen keine Anpassung gefordert war. Aber auch der Jüngere bemerkte Veränderungen an sich. Manchmal schaute er auf und beobachtete, wie Dimitrios mit seinen langsamen Bewegungen eine Arbeit begann, wie tastend und begleitet von innerer Diskussion. Manchmal horchte er auf, hörte unabsichtlich zu, wie Dimitrios mit einem Besucher sprach, überrascht von der empfindsamen Zugewandtheit, die in den Augen des Bruders lag. Schließlich musste der Junge sich eingestehen, dass er auf die Abende wartete.

Er hatte sich nie viel aus den Gesprächen gemacht, die unter Mönchen geführt wurden. Bei Tisch galt das Schweigegebot, aber nach dem abendlichen Gebet versammelte man sich in der Runde. So taten es die beiden auch. Im Gegensatz zu dem, was er kannte, empfand der Junge Gespräche mit Dimitrios als bereichernd. Manchmal hörte er die Wohlgeformtheit der Sätze des Älteren, große Genauigkeit, die Fülle an Information, die in wenige Worte gefasst war.

Gut ausgebildet waren sie beide. Schließlich hatte die Klosterschule nicht nur eine fundierte Bildung geboten, sondern auch kontrolliert, ob sie angenommen wurde.

Lerndisziplin war ihnen eingebläut. Dimitrios aber schien mit großer Intensität Wissen aufgenommen zu haben, auch im Studium. Lesen schien ihm geradezu eine Lust zu sein. Forschungslust. Kombinierlust. Denklust.

Aus Dimitrios strahlte Wissensvergnügen. Das zog ihn an, so ungern der Jüngere das auch zugeben mochte. Es dauerte nicht lange, bis ihr Alltag ein reibungsloses Miteinander wurde.

Eine Arbeitsteilung hatte sich eingestellt. Der Junge besorgte wie vorher Haushalt und Organisation, Dimitrios wurde zu einer Art Pressesprecher des Klosters. Er stand allen Rede und Antwort, die das Kloster besichtigen, eine Kerze anzünden und Devotionalien mitnehmen wollten. Er hielt die Verbindung zur Außenwelt, nahm Telefongespräche an, traf die geistliche Vorbereitung des Marienfestes, während der Jüngere die Planung von Verköstigung und Unterbringung der Pilgerinnen und Pilger übernahm.

Sie hatten gemeinsam ein Ziel. Dimitrios hatte schnell feststellen müssen, dass der andere dasselbe gedacht hatte wie er: der *Ghiatrissa* eine würdige Heimstatt bieten! So begann jeder Tag nach dem Morgengebet mit Projektplanung. Erste Etappe der Verschönerung: Bau einer Mauer aus den gelben Felssteinen der Umgebung, sodass der äußere Betonring nicht mehr sichtbar war. Etappe zwei: Ausmalung des Tonnengewölbes der Kirche durch einen Ikonenmaler, der Freskomalerei beherrschte. Etappe drei: Verkleidung des alten Eingangs durch Marmor und Gestaltung einer neuen „Begrüßungsfassade“ aus Marmor.

Vierte Etappe: Neugestaltung des Innenhofs, fünfte Etappe: Renovierung der Massenschlafräume.

Das Projekt verlangte eine genaue Kalkulation. Durch die Anziehungskraft der heilenden Maria kamen zwar viele Menschen, die bereitwillig spendeten, aber größere Summen waren nicht zu erwarten, nicht durch das Großkloster in Kalamata und nicht durch die Kirchenorganisation. Das Projekt verlangte eine Zeitplanung, Verhandlungen mit Bauunternehmen und Betreuung der albanischen Bauarbeiter. Überall auf den Baustellen waren keine Griechen mehr eingesetzt, die immigrierten Albaner waren die billigeren Arbeitskräfte. Sie beherrschten alle Gewerke. Sie arbeiteten weitgehend selbstständig, aber Ansprache und Essen brauchten sie doch.

Daneben verfolgten die beiden jungen Mönche das kleinere Projekt der Innengestaltung. Einen Teil des Kreuzgangs ließen sie verglasen. Der ihren Zellen vorgeschaltete Gang erhielt dadurch den Charakter eines Wintergartens. Sie entschieden sich für tiefe Sessel in altdeutscher Manier, man bevorzugte Holz und dick gewebte Stoffe in dieser Gegend. Die Auswahl der Bilder machte ihnen am meisten Spaß, und erst die Hängung! Nein, sie hängten keine Patriarchenfotos, keine Ikonen auf, sie wählten die Helden der Mani, Zeichnungen von Beys und Kapetanos, der Feudalherren und Oberhäupter von Familienclans. Die Halbinsel hatte eine lange Verteidigungsgeschichte hinter sich, und auch ein Mönch ist ein Maniot. Das Porträt einer feurigen Schönheit fehlte nicht. Auf die Tischchen zwischen jeweils zweien der voluminösen Sessel legten sie Deckchen, Zimmerpflanzen bekamen Licht durch die Glasseite. Der Wintergarten wurde wie die gute Stube eines bürgerlichen Elternhauses, das beide nicht gehabt hatten.

Sie gestalteten auch den Verkaufsladen für kleine Ikonen und verschiedenste Ketten mit anhängenden Kreuzen, für Kerzen und andere Paraphernalia neu. Ein schmuckes Stübchen wurde daraus, einladend durch Ordnung und Übersichtlichkeit.

Die Pflanzen im Hof waren weniger dem Wind, wohl aber der grellen Sonne ausgesetzt. Kleine Inseln hatte der Junge in die Weite des Betonbodens gesetzt. Er hatte die Samen von Löwenmäulchen in Risse und Sprünge gelegt, an einer Stelle war es ihm sogar gelungen, ein Bäumchen zu verankern. Die Pflanzen verdeckten, groß geworden, die Erde im schmalen Betonspalt. In ihrer Lebendigkeit wirkten sie unnatürlich auf der kahlen Kunstfläche. Vier, fünf dieser Inseln gab es, die die Trostlosigkeit des Gemäuers nur betonten. Der Junge pflegte sie mit Hingabe. So hatte er angefangen, der *Ghiatrissa* eine würdige Umgebung zu schaffen.

Dimitrios wählte Farbe und Pinsel dazu. Die Türen zur Kirche waren aus Metall, er strich sie in einem satten Grün. Dann färbte er die aufgesetzten Schmuckelemente mit Goldbronze. Er hatte gerade wieder einmal die Kirchentür aufgestellt und den

Farbtopf davor platziert, als er von einer Besucherin angesprochen wurde. Die Deutsche wollte wissen, ob es in Griechenland wie in Deutschland Orden gab, die sich verschiedene Regeln gegeben hatten, und wie es mit der Aufsicht über die Klöster sei, wem sie sich denn verantworten müssten. Er verstand ihre Fragen, konnte aber nicht antworten. Er musste es zugeben. „I have difficulties with the English language." Die Fünfzigjährige, sie war wohl wandernd heraufgekommen, schaute ihn aufmerksam an. Er merkte, wie ihr Blick an ihm heruntergl itt und bei seinen Hosen hängenblieb. Er hatte die Schöße der Kutte hochgeknüpft, das war so vorgesehen, dafür gab es Knöpfe. Man konnte sich in dem langen Rock ja sonst gar nicht bewegen. Das ergab dummerweise zwei Flügel rechts und links, und die Hose wurde sichtbar. Er hatte längst die Röhrenjeans mit einer Stoffhose vertauscht, deren Beine nicht so eng, aber ebenfalls schlank und gerade geschnitten waren. Bis zum Knie tanzten grüne und goldene Farbflecke auf ihnen.

„Wie viele sind Sie hier?", fragte die Frau.

„Nur zwei," musste Dimitrios antworten.

„Nur zwei?", wiederholte sie fragend.

Es machte ihn langsam ärgerlich, dass sich die Besucher immer wieder darüber wunderten.

„Die Geschichte jedes Klosters beginnt mit wenigen Menschen!"

Die Frau schmunzelte, dachte an die Gründungsgeschichte eines Klosters im Schwarzwald, daran, wie unheilig sie war, und stimmte ihm zu. „Ist der andere älter als Sie?“

„Nein,“ lachte Dimitrios, „er ist sogar jünger als ich.“ Unaufgefordert setzte er hinzu: „Ein wunderbarer Mensch.“

Immer wieder wurde ihr Gespräch unterbrochen. Ein Bauarbeiter wollte telefonieren, eine siebenköpfige Gruppe in der Kirche Kerzen anzünden. Einzelne stellten Fragen nach dem *Panaghiri*, andere hielten sich lange im Lädchen auf. Immer wieder war es eine andere Person, die die Toiletten suchte. Als Dimitrios der Deutschen gezeigt hatte, wo der Fahrweg nach Milía hinabging und sie sich endlich aufgemacht hatte, hörte er schon wieder Rufen.

Er sah, wie eine dürre Gestalt in blauer Kutte eilig die Stufen zur Kirche emporklomm. Bruder Christos aus Kalamata! Er musste inzwischen schon 86 Jahre alt sein. Er zog sich am Treppengeländer hoch. Dimitrios sah seinen Bewegungen an, dass er sich darauf freute, eine Überraschung zu sein. An seinem Handgelenk baumelte eine längliche Tasche aus Geschenkpapier. Er hatte Metaxa mitgebracht. Am Fuß der Treppe wartete sein 18-jähriger Neffe, der das Auto gefahren hatte. Dimitrios beeilte sich, in die Kirche zu kommen. „Bruder Christos!“ Der Alte schloss ihn in seine Arme. „So lange habe ich keinen von euch gesehen, und nun kommst du, gerade du!“

Den Novizen Dimitrios hatte der Mönch Christos

damals sofort in sein Herz geschlossen. Er hatte seine Sanftheit gemocht und seine intellektuelle Neugier geschätzt. Seitdem verband sie eine besondere Freundschaft.

Dimitrios war so gerührt, dass er die Flasche Metaxa öffnete, als sie unter den Beys und Kapetanos saßen. Er schenkte dem Achtzehnjährigen ein und drängte auch dem Alten ein Gläschen auf. Es gab so viel zu sagen, zu fragen, zu erzählen.

Zum Abendgebet kniete sich der alte Mönch im kurzen Abstand vor die Ikonostase. Der Junge suchte sich den Platz hinter ihm. Gewöhnlich beteten die beiden Einsiedler vor der *Ghiatrissa* nebeneinander. Nun aber kniete sich Dimitrios ebenfalls in eine eigene Reihe, hinter seinen Mitbruder. Sein Blick haftete an der mageren Figur des väterlichen Freundes, verfing sich im strohigen Weißhaar des Alten und glitt hinüber zu den langen Locken des anderen.

Evangelos, Angelos! Wie gut ihm sein Name stand! Im Licht der Kronleuchter glänzte das braune Haar. Dimitrios verfolgte den Fluss der Locken, eine nach der anderen ging er durch. Der Kutte des Jüngeren fehlte die Applikation im Rücken, dieser zurückgenommene Schmuck, den seine Mutter ihm selbst mit Ziernähten aufgesetzt hatte. War der Stehkragen auch nur einfach genäht, nicht mit Schmuckstichen verziert wie bei ihm?

Der Blick des Mönchs tastete die Horizontale der

Schultern vor ihm ab, glitt nach unten und malte die Kontur des schmalen Leibes in der Kutte nach. Der Rücken spannte ein Dreieck auf, das beinah spitz zulief. Evangelos war kräftig, aber kein Athlet. Die Taille war etwas zu schmal. Dimitrios sah unter der Fülle des Stoffes die Lende, die langen Pobacken. Sie nahmen unter seinem Blick Kontur an, er meinte, ihre Rundung in der Hand fühlen zu können.

Beinah abrupt stand der Alte auf. Er verkürzte das Gebet, der Weg nach Kalamata war weit. Jetzt im Sommer blieb das Tageslicht noch lange, aber die Straße war ja nicht geteert. Dimitrios beeilte sich, auf die Beine zu kommen und den Alten aus der Kirche zu geleiten.

Es wurde ein knapper Abschied vor dem nun schon zur Hälfte marmorglänzenden Eingang. Dimitrios blieb auf der hohen Stufe stehen und schaute der Staubfahne nach, die das Auto hinter sich herzog. Als wenn er die Staubpartikel einzeln verfolgen könnte, wartete er, bis sie sich gelegt hatten. Er stand noch immer da, als die Dämmerung ins Dunkel des frühen Abends gewechselt hatte.

Es war der Junge, der von hinten die Hand auf seine Schulter legte. Mit einer Bewegung drehte Dimitrios sich um und umfasste die Hüfte des anderen, zog ihn an sich, um ihn im nächsten Augenblick auf kurzen Abstand von sich zu halten. Evangelos war nur knapp größer als er. Ihre Augen begegneten sich beinah auf gleicher Höhe.

Da war kein Erstaunen im Blick des Jüngeren, keine Abwehr. In der ihm eigenen Ruhe ließ er sich wieder in die Arme des Älteren ziehen. Körper an Körper ertasteten sie den Herzschlag des anderen. Mit den Fingerkuppen erkundete Evangelos die Polster über Dimitrios' Hüfte. Der sog den Duft des braunen Haares ein.

Ein Lichtschein ließ sie zusammenzucken. Das musste eine Sternschnuppe gewesen sein, ungewöhnlich groß und gelb und rund wie eine Lampe. Dimitrios fasste kräftiger nach der Hüfte des anderen und zog ihn mit sich hinter die Klosterpforte, die noch immer eine kleine Metalltür war, blau gestrichen, in der Farbe, mit der seit alters das Böse abgewehrt wurde.

Für einen Moment unentschlossen schaute Dimitrios in den Innenhof, auf den Schatten der Kirchentreppe vor ihnen, wandte sich dann schnell nach rechts und schob Evangelos durch den Kreuzgang in den großen Schlafsaal, in dem nur ein etwas überdimensioniertes Bett stand. Noch einmal standen sie in einer langen tastenden Umarmung.

Am nächsten Morgen erinnerten sie sich nicht mehr, wie sie umgefallen waren. Sie hatten irgendwann angefangen zu frieren und die braun-gelb gemusterte Decke über sich gezogen. Im Schlafsaal war es dunkel, am Stand der Sonne war die Zeit nicht abzulesen. Ihre Körper aber wussten, dass es Zeit war für das Morgengebet.

Sie beteten nebeneinander wie immer.

Das erste Mal ließ sich nicht erinnern, nicht, welcher Art die Berührungen waren, wie sie zum Orgasmus gekommen waren. Hitzig war es wohl, das ja. Das zweite Mal, wussten sie, war eine große Erkundung gewesen, eine einzige lange Zärtlichkeit.

Mit der Zeit veränderten sich auch ihre Küsse. Waren zuerst ihre Lippen stumpf aufeinander gestoßen, wenn sie sich tagsüber auf dem Innenhof begegneten, kaum zugestandene Berührung, so wurde ein Beißen und Saugen im Schatten des unfertigen Kreuzgangabschnittes daraus, kleine Gewalttat der Anziehung. Doch es dauerte nicht lange, bis sich in ihrer Umarmung Nähe herstellte, ein Einverständnis, das sich im Kuss schmecken ließ. Sie brauchten ihre Rachen nicht mehr so weit zu öffnen, die Zunge nicht mehr so tief ineinander zu stoßen. Ihre Lippen fanden das Miteinander, den kleinen Sog der Verschmelzung. Manchmal kraulte Evangelos, der selbst rasiert war, spielerisch Dimitrios Bart. Er schmunzelte dabei, weil er genau wusste, wie sich die einzelnen Silberfäden durch den Bart des Dreißigjährigen wanden.

So lebten sie ihre Liebe im Rhythmus der Horen, teils ohne Scham in der Gewissheit ihrer Abgeschiedenheit, teils verstohlen – und lachend – um sich schauend.

Am Tag drohte stets ein Besucher oder ein Bauarbeiter aufzutauchen. Die Abende gestalteten sich unterschiedlich. In der Regel fielen sie nach dem Gebet in die Sessel im Kreuzgang, manchmal – es gab trotz des fortgeschrittenen Sommers noch immer sehr heiße Tage – stellten sie Stühle in den Innenhof, in die Nähe von Löwenmäulchen und Baum, manchmal suchten sie den Windschatten im Winkel von Küchen- und Besuchertrakt. Dort hatten sie sich eine Sitzecke mit Metalltischchen und Plastikkorbsesseln eingerichtet. Manchmal führte es sie nach den abendlichen Gesprächen gemeinsam in das Bett des einen oder des anderen, oft aber zogen sie sich einzeln in ihre Zellen zurück.

„Du bist ein schöner Mann, und ich bin kein Herakles."

Evangelos hatte die Arme unter dem Kopf verschränkt und starrte im Bett liegend an die Decke seiner Zelle. Wann hatte Mimis das eigentlich gesagt? Aus welchem Grund? Es hatte ihn glücklich gemacht. Er hatte sich gefreut, schön zu sein. Er sah sich selbst so und war froh, dass das sein durfte. Und dass es jemanden gab, der das sah. Es war eine der frühen Liebeserklärungen gewesen, so hatte er es gehört, mit Betonung auf der ersten Hälfte des Satzes. Die Bescheidenheit, die in der zweiten Hälfte lag, hatte ihn berührt. Genau deshalb mochte er Mimis so gern. Weil er nie auftrumpfte, sich niemals aufblies, sich nicht in den Vordergrund stellte. Im Hintergrund handelte er, das wusste Evangelos wohl. Und auch das schätzte er an ihm: das verlässliche, manchmal fürsorgliche Tun.

„Mimis behält den Überblick", dachte Evangelos, „klar ist er kein Herakles. Kein Sixpack über diesen scharfen Röhrenjeans, was eigentlich besser gepasst hätte. Da ist diese weiche zarte Haut, die ich so gern unter den Fingern fühle. Bizeps schwach entwickelt. Klar. Meinte er: *Ich bin eigentlich kein Partner für dich?* Oder: *Ich kann dich doch nicht halten?* Oder: *Ich entscheide mich halt nicht für den schmalen Pfad der Tugend, sondern für den bequemen Weg der Lust?*"

Evangelos stand auf und griff zu den Lexika. „Das mit dem jungen Herakles am Scheideweg zwischen Tugend und Lust, das ist doch die Fabel des Prodikos", fiel ihm noch ein und er hatte sich schon festgelesen.

„Im Kult verfließen gerade bei HERAKLES die Grenzen zwischen Heros und Gott."

„HERAKLES, die irdische Inkarnation von Zeus oder Apollon, der Sonne. Er wurde von der Mondjungfrau Alkmene geboren, deren Gemahl so lange keine Sexualität mit ihr hatte, bis ihr göttliches Kind geboren war."

„Schon wieder so eine Parallele zu Jesus und Josef und Maria." Evangelos war fasziniert davon, wie viel vom griechischen Erbe in den christlichen Glauben eingedrungen war. Deshalb hatte er auch mehrere mythologische Lexika im Regal. Die Mythen zogen ihn in eine andere Welt, in der er sich ehrfürchtig umschaute, beeindruckt von übermenschlichen Größenverhältnissen, von Härte und Brutalität und strahlenden Gewinnern, von absurden Konstellationen und erstaunlichen Lösungen. Die Unwahrscheinlichkeiten waren es, die den Zauber der Mythen ausmachten. Das war es, was ihn in seinen Bann schlug. Mythen, so fand er, hatten die größere Logik. Sie waren schlüssiger als das Christentum, weil sie unfraglich einer Zeit angehörten, in der die Menschen noch von Naturphänomenen zu Tode erschrocken oder beeindruckt waren, da sie sich diese nicht erklären konnten. Die Vorstellungswelt, eine Antwort darauf, war nicht zu hinterfragen. *Temps passé*, das konnte man so stehen lassen.

„Im Christentum kommt der Scheideweg zwischen Tugend und Lust gar nicht mehr vor, da heißt es gleich Laster!", dachte Evangelos und las weiter.

„HERAKLES. Sein Name bedeutete ‚Heras Ruhm'. Als die große Göttin Hera ihn stillte, schoss aus ihren Brüsten die Milch, die die Milchstraße bildete. Seine zwölf Aufgaben", das war, fiel Evangelos ein, der Dodeklathos, eigentlich wieder zwölf Mythen – *„symbolisierten den Sonnenlauf durch die zwölf Häuser des Tierkreises."*

„So nah ist uns der Mythos!" Evangelos dachte an das Relief, das um die Apsis der Kirche in Areopolis lief. Da waren die Darstellungen der Tierkreiszeichen besonders schön, einfach witzig. Sie waren halt ein bisschen ungelenk. In der Mani gab es den Zodiac an christlichen Kirchen oft.

„Der ‚Weg' durch den Himmel wurde Herakles durch den Strom der himmlischen Milch angezeigt. Nachdem er seinen Weg zurückgelegt hatte, wurde er mit dem purpurnen Gewand des geweihten Königs bekleidet und anschließend getötet, um als sein eigener göttlicher Vater aufzuerstehen, zum Himmel zu steigen, dort immer wieder die jungfräuliche Göttin zu heiraten und unter den Sternen zu wohnen, wo er noch heute zu finden ist."

„Zur Rechten Gottes, des Vaters. Der einzige Unterschied, den das Christentum macht, ist die Dreieinigkeit Gottes," dachte Evangelos, „und die geht auch auf die heilige Dreizahl zurück. Und natürlich, dass Jesus Maria nicht heiraten darf, auf dass uns alle Träume von unseren schönen Müttern vergehen. Und das purpurne Gewand wird verhöhnt, aus der Krone die Dornenkrone. Leidensweg statt Milchstraße. Wunderbar."

Evangelos merkte, wie ein alter Ärger in ihm aufstieg. Diese Gedanken versuchten seinen Glauben. Er hatte sie deshalb längst verdrängt. Jetzt konnte er sich gegen die Heftigkeit seiner Empörung nicht wehren. Es war wie eine Sucht. Er musste weiterlesen.

„Pausanias schrieb, dass Herakles den Namen Soter (Erlöser) trug. Julian (röm. Kaiser 361-363 n.

Chr.) behauptete über ihn, dass ‚alle Elemente der weltschöpferischen und vervollkommnenden Kraft diesem reinen und unverfälschten Geist gehorchen, dem der große Zeus beschieden hat, der Erlöser des Universums zu werden.' Er wurde überall als der Retter verehrt, der ‚starb' und wie die Sonne wieder erschien. Aus diesem Grund wurde auch angenommen, dass seinen Tod eine Sonnenfinsternis begleitete.“

„Da sind wir schon wieder im Neuen Testament. Und die Forschung bemüht sich, auch noch nachzuweisen, dass es im Jahre 0 tatsächlich eine Sonnenfinsternis gegeben hat.“ Evangelos war wütend. Wie sollte er jetzt einschlafen?! „Mimis ist kein Herakles. Zum Glück nicht! Wenigstens ein Trost.“

Am nächsten Abend konnte Evangelos nicht umhin. Er musste Dimitrios darauf ansprechen. Er stieg gleich mit dem „Erlöser“ ein. „So ein zentrales Dogma, dieser Erlösertod, in unserem Glauben. Ohne dieses ‚Opfer' hätten wir noch die Erbsünde! Es war Herakles, den sie Friedefürst und Sonne der Gerechtigkeit genannt haben. Herakles zuerst! Herakles vor Jesus, Licht der Welt! Katalaves?!!“

„Der Erlösertod ist ein Beweis der Liebe. Das ist die grundlegende Unterscheidung. Die christliche Botschaft ist die von der Liebe!“, antwortete Dimitrios. „Natürlich waren die Mythen im Raum. Das war das, was die Leute in der Alten Welt im Kopf hatten. Das war überall der Hintergrund. In Palästina und hier auch. Entscheidend ist, was die ersten Christen anders akzentuiert haben.“

„Es ist unglaublich, wie weit die Parallelen reichen. Er verkörperte die Sonne, die von den Persern und Essenern täglich mit *„Er ist auferstanden!“* begrüßt wurde. *Christos Anesti.* Das war für mich immer das Schönste an Ostern, dieser Ruf. Die zentrale christliche Botschaft. Er ist auferstanden, das Böse wird uns nicht niederhalten können. Auch wir sind befreit. Und ich liebe diesen wiederholten Weg um die Kirche, unseren Ritus, immer wieder: *Christos Anesti*. Und dabei ist es nichts anderes als eine rituelle Anrufung der Sonne.“

„Die Essener sind auch eine Variante des Urchristentums,“ gab Dimitrios zurück, „was ist dabei?“

„Das Schlimme ist, dass wir immer beweisen wollen, dass die Erzählung eine wahre Geschichte ist. Dass wirklich gesehen wurde, dass das Grab leer war. Dass wirklich gesehen wurde, dass er wieder unter den Lebenden war, die Wunden als Beweis. Und dass sie mit eigenen Augen gesehen haben, wie er in den Himmel auffuhr.“

Dimitrios: „Wir leben da, wo das Christentum erfunden wurde. Die Evangelien wurden in unserer Sprache aufgezeichnet.“

Evangelos: „Ja, ja, ja. Kein Grund, stolz drauf zu

sein. Oder vielleicht gerade doch. Deswegen ist ja an unseren Kirchen das Heidnische noch nicht ausgemerzt. Der Zodiac, wie oft sieht man den hier!" Evangelos stöhnte. „Und das hat auch noch mit Herakles zu tun. Erinnerst du dich an den Mythos, dass er auf ein Rad gefesselt war, das sich ein Jahr lang mit ihm drehte? Das ist auch nichts anderes. Das Rad war mit Tierkreiszeichen geschmückt, das Rad war also das Sonnenjahr, das er durchlaufen musste."

Dimitrios: „Hör auf! Wenn du weitermachst, kommst du dahin, dass die Griechen, ausgerechnet unsere Schriftsteller, den Mythos umgedeutet haben. Das mit dem Rad ist doch aus Lydien. Da war Herakles das kosmische Rad der Königin Omphale. Unsere Alten haben ihn zum Sklaven gemacht, ihn, der ein Jahr unter Omphales Frauen gelebt hat, Wolle zu Fäden gesponnen hat und Frauenkleider anhatte. Die Priester des Herakles haben noch ziemlich lange Frauenkleider getragen. Jetzt fehlt nur, dass Du unseren Habit als Frauenkleid bezeichnest. Hör auf, das ist Geschichte! Omphale war die Große Göttin, ein Mann konnte nur dann ihr Stellvertreter sein, wenn er Frauenkleider trug. Die haben damals auch nach Logik gesucht."

Evangelos sank in sich zusammen. Es stimmte ja. Sie trugen Frauenkleider. Das Ordensgewand hatte sich nicht verändert, so wie die Gewänder für ihren liturgischen Ritus ja auch keine Hosen waren.

Wie peinlich.

An diesem Abend gelang es Dimitrios nicht mehr, ihn auch nur zu einem weiteren Satz zu bringen. Auch später blieb Evangelos zurückhaltend. Sie nahmen das Thema nie wieder auf, und trotzdem engagierte sich der junge Priester nicht mehr in ihren Gesprächen. Etwas hatte sich verändert. Evangelos empfand es mal deutlicher, mal weniger deutlich. Es gab nicht wirklich eine gemeinsame Basis. Sie waren uneins. Und zwar in einer höchst gewichtigen Frage.

Mit Achtzehn. Ein Schlaglicht

Sie war auf dem Rückweg nach Deutschland. Heim. London war die letzte Station ihrer Reise mit dem Interrail-Pass für junge Leute. Und natürlich kälter als alle anderen Stationen vorher.

Es muss sich kalt anfühlen, wenn man zurück muss und nicht will, dachte sie und stapfte weiter. Sie kroch tiefer in ihren Wintermantel, zog die Arme hoch, sodass die Hände fast im Ärmel verschwanden.

Das war also das berühmte Viertel!

Sie hatte bisher nichts wahrgenommen als dunkle Backsteinhäuser, die typischen schmiedeeisernen Laternen mit ihren Lichthüten und den Kellerabgang. Es war der Schaukasten, der sie gelockt hatte, mitten in einer Wohngegend die Ankündigung, dass da unten im Keller etwas verkauft würde.

Eben noch war es warm gewesen in diesem winzigen Raum, der vollgestopft war mit Bananenkisten und den Schallplatten darin. Die drei Jungs waren nett gewesen zu ihr. Sie hätte glatt mitgezogen am Joint, wenn sie es nur gekonnt hätte. Rauchen ging nicht. Sie konnte es einfach nicht, nachdem sie ihre jungen Lebensjahre im stehenden Rauch der Zigaretten ihres Vaters ertragen hatte.

Schade. Wahrscheinlich hätte der Besuch im Unterirdischen länger gedauert, wenn sie nur mitgemacht hätte. War halt nicht gegangen.

Erneut spürte sie die Kälte, die ihr unter die Haut kroch. Sie sah eine U-Bahn-Station. Wieder ein Kellerabgang. Aber das war jetzt der richtige. Sie würde zurückfahren ins Hotel, auch wenn es viel zu früh war, diesen letzten freien Tag zu beenden.

Er bemerkte sie schon, als sie am Bahnsteig stand. Dünn, sehr dünn, hochgeschossen, blasse Haut und langes braunes glänzendes Haar.

Sie zog die Schultern hoch. Aus irgendeinem Grund war sie ungeduldig.

Eine Frau mit einem Kinderwagen schob sich zwischen ihn und sie. Der Bahnsteig füllte sich immer mehr, aber er behielt sie im Blick. Als die Bahn kam, ging er entschlossen los. Er stieg da ein, wo sie eingestiegen war und ergatterte noch den Platz ihr gegenüber.

Was für Augen! *Kluge Augen,* dachte er und machte eine Bemerkung. Sie schaute auf, sah ihm ins Gesicht und tastete seine Züge ab. *Jetzt sieht sie einen Schwarzen,* wurde ihm klar. Es war ihm nicht unwohl. Ihr Blick war offen, offen neugierig.

Er legte den grauen hochgeschlagenen Mantelkragen nieder und nestelte ein wenig an seinem

Hemdkragen. Er stellte eine Frage und horchte auf die Antwort. Überraschend gutes Englisch! Mit dieser Frau konnte man sich unterhalten.

Schwarze Haut. In ihrem Rahmen von Weiß und Grau schien sie ihr sehr glatt, beinahe flächig. Das Gesicht war eher schattiert. Da blickten sie warme Augen unprätentiös und freundlich an. Die Nase schien ihr etwas plattgedrückt. Darunter breite volle Lippen, konturiert durch einen schmalen dunklen Streifen.

Ausgewogenheit kennzeichnete dieses Gesicht. Die Proportionen stimmten. Das rahmende Haar war nicht zu kraus, nicht zu kurz. Keine Brille störte, kein Schnurrbärtchen. Ebenmaß.

Sie antwortete. Er erzählte. Sie merkte es kaum, dass sie mit ihm ins Gespräch geriet. Auch nicht, dass die Strecke, welche die ratternde U-Bahn zurücklegte, lang war. Ganz selbstverständlich, dass sie aufstand, als er mit einem Kopfnicken bedeutete, jetzt auszusteigen. Nach der Treppe wieder ein neues Stück London. Es musste wohl ziemlich weit draußen sein. Sie maß mit knappen Blicken, denn sie hörte zu. Sie antwortete.

Sie ging neben ihm, fühlte seine Masse an ihrer Seite. Sie sprach, und während sie redete, wusste sie es plötzlich.

Nach einiger Zeit stoppte er ihr gleichmäßiges Gehen. Er zeigte nach links. Er stieß die Tür zu einem schmalen Gang auf und ging voraus. Über einen kleinen Innenhof voller blecherner Mülltonnen und hinauf in das Treppenhaus einer ehemaligen Fabrik. Das Fensterband bestand aus kleinen quadratischen, einzeln gefassten Glasscheiben. Er schloss eine schwere Metalltür auf und hielt sie für sie offen.

Sie schaute ihn fragend an und er nickte *„nach rechts"*. Links öffnete sich ein breiter Korridor, es wohnten noch andere auf der Etage. Sie bemerkte es nicht. Sie ging nach rechts und öffnete eine Zimmertür. Sie sah auch nicht, wie das Zimmer eingerichtet war. Sie folgte ihm durch eine weitere Tür. Eine weiß bezogene Liege stand auf hohen Beinen unter einem längsschmalen Fenster. Metallrahmen. Dahinter: Dunkelheit. Im Zimmer war es warm, sie fühlte es wohlig warm. Nur mit einer Geste deutete er an, die Kleider auszuziehen. Und dann fühlte sie die glatte Haut, so weich, so zart.

Er drückte sie an sich und hob sie dann mit leichter Hand auf die Liege. Eine Geste ergab die andere. Sie fühlte hin, fühlte erstaunliche Haut, unbegreiflich zart. Eingehüllt fühlte sie sich. Wie im Hin und Her einer Schaukel.

Erst hinterher begannen ihre Augen mit dem Sehen. Überrascht glitten sie über die schwarze Haut, den großen Körper, die muskulösen Schultern und Oberarme, die langen Waden.

Als wenn es immer bereit läge, griff er zu einem

großen Molton-Tuch, strich über seine Eichel und reichte es ihr. Sie trocknete die Feuchtigkeit zwischen ihren Beinen und schaute in die freundlichen Augen.

Er lächelte. Er sah ihr Gesicht strahlen. Er war nicht erstaunt, als sie mit ausgestrecktem Finger über die Haut an seinen Lenden fuhr, prüfte ob die Penis-Haut noch glatter, noch weicher sei.

Sie konnte es kaum glauben. Ein so großer Mann so weich. Sie schaute. Ebenmaß. Und sie fühlte genau das: alles im rechten Maß. Sie stand auf.

Er erklärte ihr, wie lange die Untergrund-Bahn brauchen würde, wo sie umsteigen müsste, um bekanntes Terrain und ihr Hotel zu finden. Er begleitete sie bis zum U-Bahn-Schild. Es dauerte weit länger als sie den Hinweg in Erinnerung hatte.

Und dann wieder ein Kellerabgang. Sie drehte sich ihm halb zu. Vier Augen tauschten ein Lächeln. Sie tat den ersten Schritt auf die Treppe.

Löwenhafte Imposanz

Es läuft gut", dachte Georgios, in Deutschland wie in Griechenland Jorgo genannt. Sein Kalkül war aufgegangen. Sofort nach Eintritt in die große Anwaltskanzlei ‚*Messerschmidt Bloom & Partners International*' an der Bockenheimer Landstraße hatte er mit dem Tanzkurs bei Wenneckers angefangen, und er hatte s i e kennengelernt. Er hatte dranbleiben müssen, ganz so schnell war es nicht gegangen, aber jetzt gehörte sie ihm.

Und nun auch das Einzelbüro. Er konnte aus dem Großraum ausziehen. „Einzeln" hieß nicht „allein". Er musste sich das Räumchen mit Kollege Jens teilen. Auch okay. Beim Lunch im Bistro 44 sprach er ihn an.

„Jens, übermorgen können wir umziehen. Hast Du schon gepackt?"

„Jorgo!"

Kollege Jens sprach es gar nicht erst aus. Bei dem Zeitdruck, unter dem sie arbeiteten, konnte man doch nicht vorsorglich packen. Er hatte sowieso nur Akten mitzunehmen, das würde er anweisen.

„Ich weiß. Viel ist es ja nicht, was man transportieren muss, aber wenn wir erst da sind, kann es ja mehr werden."

„Mmhh", war Anwalt Jens zwischen Kaugeräuschen zu hören.

„Ja, zum Beispiel könnten wir etwas an die Wand hängen. Ich war neulich bei Lampas zur Vernissage. Kunst ist da erschwinglich."

„Kunst."

„Ja, die lassen sich von Fotografen zusichern, dass die nicht mehr als 75 Abzüge machen und verkaufen dann eine so limitierte Auflage. Das ist eben günstiger, Wertsteigerung inbegriffen."

„Wertsteigerung inbegriffen."

„Naja, also die erhöhen die Preise, wenn sie die Hälfte der Auflage verkauft haben, und wenn zwei Drittel weg sind, noch einmal. ‚Letzte Exemplare' sind teurer, zum Beispiel so ein Hake, der ist schon von 998,- auf 1-1 gestiegen."

„Hake?"

„Ja, Helmut Hake, dieser Naturfotograf. Serengeti. Da ist so ein Löwe, imposant übrigens, man sieht nur den Kopf, der ruht majestätisch im Grase. Das ist matt abgezogen, mit Schattenfuge gerahmt."

Kollege Jens war gerade nicht gewärtig, was Schattenfugenrahmung sein könnte.

„Hier, guck mal!"

Jorgo lehnte sich zurück und zog den Katalog aus seiner Manteltasche.

Sein Gegenüber führte die Gabel zum Mund und schaute auf das gedruckte Foto. „Wow!"

„Ja. Wenn ich einen Besucher habe, weiß er gleich, mit wem er es zu tun hat."

„Wenn du einen Klienten hast. Den Rest der Zeit darf ich dich in löwenhafter Imposanz imaginieren."

„Okay. Die Schreibtische stoßen aneinander. Dann muss das Bild hinter deinem Schreibtisch hängen. Guck mal dieses hier! ‚*Janine 3*' von Domenico Colombo. Mit der könnte ich es länger aushalten. Der Blick! Das Mädel guckt nicht wirklich von unten hoch, die ist souveräner. Das lange Haar verdeckt auch die Hälfte des Gesichts. Man weiß es nicht sofort. Das bleibt spannend. 529,- ."

„Willst du mir wirklich ein Längsformat in den Rücken hängen? Das sieht doch nicht aus an der Wand. Da fällt ja schließlich der Blick hin, wenn man reinkommt. Nicht nur dein Zweisamkeit suchender Blick."

„Stimmt auch wieder. Was hältst du von diesem Karsten Kaul? ‚*From haunted castle*' . Das ist doch ein Hingucker!"

„Du bist doch der Hingucker!"

„Ach, hör auf. Die gefällt dir auch, wie sie sich mit ihrem roten Fausthandschuh am Fensterrahmen festhält. Die beugt sich nach hinten. Da kommen die Möpse richtig raus aus der Korsage. Der Rock, das sieht aus wie Stoff, Chiffon oder wie das heißt. Aber wahrscheinlich hat er das doch draufgemalt auf das Foto. Guck mal, der Rock geht bis ins Parterre. Über drei Etagen von diesem verhexten Schloss. Ist jetzt schon bei 2-2. – Ach, ich weiß es! Der Künstler soll sowas mal auf der Akropolis machen. Jetzt sofort.

Das gibt Surplus. Die Akropolis wird doch vermietet oder verpachtet, vermarktet jedenfalls. Was unseren Leuten in Athen so einfällt. Das Kulturministerium, glaub ich, hat das gerade angesagt. – Ja, das ist es! Wertsteigerung inbegriffen."

Dschungel der Gefühle

Müde legte sie sich zu Bett. Sie hatte es tatsächlich noch geschafft, die Böden zu wischen. Liegend erschien ihr der Kühlschrank, der abgetaut werden musste, vor Augen, das Badezimmer, das sauber werden, die Wäsche, die gebügelt werden musste. Es erschöpfte sie zusätzlich.

Sie war schon so müde. Dieser endlos lange Weg in der Fremde. Dieses pieksende Unterholz. Dieses Dunkel unter dichten Blättern. Severin wusste das Ziel, das nahm sie zumindest an. Ihr war es egal. Sie wollte jetzt erst einmal nur laufen, anders als in der Stadt gute Luft atmen, ihren Körper spüren. Der gehorchte auch, sendete allerdings gerade Signale wie „Genug!“, „Aufhören!“, „Nichts mehr!“

Und genau in diesem Moment tauchte ein Lager auf. Völlig unerwartet. Sie hatten geglaubt, sich in unberührter, eher menschenunfreundlicher Natur zu bewegen. Das hier aber war von Menschen gebaut. Ein riesiges Zelt, eine Art Halle.

Severin ging einfach hinein. Es gab eine Öffnung, sie hatte keine Tür. Also schlüpfte sie auch hinein. Wie gezogen fühlte sie sich. Mitten hinein in ein Durcheinander von groben Bauteilen und Dreck, durch das sich eine zehn Zentimeter breite Ölspur zog.

Sie wusste nicht, ob Severin versehentlich an einen Ölkanister gestoßen war oder ob er auch schon auf die Spur gestoßen war. Wie ein Fluss zog sich das Öl zum anderen Ende der Halle, tränkte Pappe, machte in zusammengeballten Stofffetzen Halt, kroch doch weiter. Eine klebrige, glitschige Angelegenheit, die die Bewohner hier sicher sehr wütend machen würde.

Severin bewegte sich ganz selbstverständlich tiefer in die Halle hinein. Sie schaute seiner etwas fülligen Gestalt ratlos nach. *Jetzt ist aber Feierabend!*, dachte sie, drehte sich abrupt um, ging an der Ölspur entlang zurück und suchte ihre Quelle.

Unterschiedliche Materialien türmten sich übereinander. Sie nahm ihre Hände zu Hilfe, wühlte in Pappe, Holz, Teerpappe und fand die Quelle. Ein Affe! Nannte man diese Glasgefäße mit dem sich verjüngenden Hals nicht so? Ein großer dickwandiger Erlenmeyerkolben. Er war nicht zerbrochen. Sie stellte ihn wieder auf.

Langsam ging sie erneut Severin nach, noch einmal durch den Dreck, bis sie überrascht stehen blieb. Der untere Teil des riesigen Zeltes war aufgeräumt. Kleine rechteckige Felder in unterschiedlichen Farben waren aneinandergereiht, manchmal unterbrochen von etwas Aufragendem.

Eine weiß beschichtete Spanplatte, rechteckig und ebenso groß wie die Felder, lag auf dünnen schwarzen Metallbeinen und ergab eine Art Tisch. Angelehnt an dieses Möbel stand eine Frau, die ihr überraschend freundlich entgegensah.

Die Frau streckte ihr die Hand entgegen. „Ricarda. Ich bin hier die Zweite. Guten Abend!“

Die Zweite? Die Zweite im Rang?

„Monika. Guten Tag“, erwiderte sie unsicher. Gleichzeitig suchte sie verstohlen nach einem Rangabzeichen.

„Sie wollen sicherlich zu Bert.“

Bert. Der Name traf sie unvermittelt, schleuderte sie zurück in eine Zeit, an die sie nicht gern dachte. Bert, der Mann ... Bevor sie noch greifen konnte, was Bert für sie gewesen war, hörte sie erneut die entgegenkommende Stimme.

„Er wird bald eintreffen.“

Mit großen Augen schaute sie die Frau an und nickte mechanisch.

„Sie wollen doch den Chief? Bert?“

„Ja, ich will Bert.“

Mit fester Stimme sprach sie es aus. Ja, sie wollte Bert. Jetzt. Sie wollte Sex. Hier. Mit ihm.

Das Begehren hatte sie angefallen wie ein ausdünstendes Tier, ungezähmt und unaufschiebbar.

Es war schon über dreißig Jahre her. Bert hatte eine unbändige Anziehungskraft auf sie ausgeübt. Wer beobachtet hatte, wie er sie damals an sich zog, hatte ein überlegenes Lächeln in seinem Gesicht gesehen. Sie hatte ihn nur gefühlt. Das wollte sie jetzt erneut, es war ein drängender Wunsch, der sie überfiel, wie damals.

Und es gelang tatsächlich.

Der hier bewunderte, anscheinend von vielen auch verehrte Bert hatte sie neben sich gelassen. Mit großspuriger Geste hatte er sie auf sein Lager hinter dem Tisch eingewiesen.

So hatte sie sich an ihn schmiegen können, seine ganze große Körperlänge entlang. Sie hatte geglaubt, Nähe zu fühlen, nur – er hatte sich gewälzt, gedreht, seine Stellung verändert, ihr dabei immer den Rücken zugewandt. Niemals hatte er sie zu sich herangezogen, nie sie auch nur angeschaut. Vielleicht hatte er nicht einmal gefühlt, dass sie sich an ihn schmiegte.

Wie in einer Endlosschleife reihten sich ihre Gedanken aneinander. Warum dieser Wunsch jetzt, so dringend, und warum keine Erfüllung? Warum musste sie das aushalten? Warum diese Ohnmacht erleben? Was hatte sie falsch gemacht? Was war ihr Fehler? Was wollte der Gott des Glücks von ihr?

Irgendwann stand sie auf, bewegte sich vorsichtig um den Tisch herum und ging auf das andere Ende der Halle zu. Sie wusste es eigentlich. Sie sollte das Wollen lassen, dieses dringende Wollen, das in dieser Situation keinen Platz hatte. Und sie musste mit dem Aushalten aufhören.

Sie drehte sich um und schob dabei einen Pappkarton zur Seite. Sie schaute zurück.

Es war noch sehr dunkel. Von den vielen Rechtecken leuchteten nur sehr wenige, das waren wohl

Decken in hellen Farben, gelb oder weiß. Sie stand im Dreck und fror.

Sie wusste nicht mehr, wie sie an Berts Seite gelangt war. Anscheinend hatte sie in Kauf genommen, sich ungeschützt auf den Lehmboden zu legen. Nur, um Sex mit ihm haben zu können. Sie verstand sich selbst nicht. Wie war sie bloß hierher gekommen? Gut, Severin hatte sie gefragt, ob sie mitginge in das fremde Land, heraus aus der Stadt, in die – wilde – Natur. Sie war ihm gefolgt. Ihm konnte sie ja auch vertrauen. Er war ihr guter Gefährte, treu und immer verlässlich. Ein Bund, der hielt.

Ja, sie hatte rausgewollt, etwas Neues sehen, etwas Neues machen. Es war ihr auch nicht schwergefallen, den ersten Schritt zu tun. Ein bisschen mutwillig war das, den Beruf aufzugeben und dann auch noch alle Verbindungen zu kappen. Aber sie hatte es gewollt. Raus! Auf jede Gefahr hin.

Und jetzt? Sie wusste nicht, wo Severin war. Sie war allein, allein, allein und klein. Bert hatte sie nicht einmal wahrgenommen. Von Wertschätzung gar nicht erst zu reden. Sie wurde nicht gesehen, so war es immer. Wohin sollte sie jetzt gehen? Wo war Severin?

Sie fühlte sich so sehr verlassen. *Und gleichzeitig diese Männer um mich herum,* dachte sie. Sie wusste nicht, was sich unter den Decken verbarg und spürte es trotzdem. Die Halle war voller Männer. Ein Massenlager. Männlich.

Überrascht sah sie, wie sich die hellen Flecken bewegten, wie die gelben und weißen Decken aufgeschlagen wurden. Nein, nicht nur die, alle Decken, wie im Takt. In einer einzigen, wie choreographierten Bewegung standen die Männer auf und schritten auf sie zu. Leise. Sie hörte, wie achtzig Füße auf den feuchten Lehmboden aufsetzten, ein gedämpftes Klatschen, und mit einem breiten Quatschen wieder abhoben. Ein Geruch nach Schweiß schob sich wie eine Welle vor ihnen her.

Ihr Herz krampfte sich zusammen. Sie schmeckte die Angst wie Eisen auf der Zunge. Bert? Würde er ihr helfen wollen? Die Frau? Diese Ricarda, die immer Freundliche, hatte ja wohl die Aufsicht über die Männer. Sie konnte sie sonst doch auch lenken.

Sie sah zwei Schatten gegen das fahle Licht des Sonnenaufgangs. In der Richtung musste die Öffnung liegen. Sofort spürte sie die aufsteigende Feuchtigkeit des Waldes draußen und gleichzeitig die schwüle Hitze in der Halle.

Unwillkürlich trat sie einen Schritt zurück und wusste doch, es ging nicht weiter. Hinter ihr war schon die Hallenwand. Seitlich, bis zu der Öffnung, in der die Schatten verschwunden waren, hätte sie es nicht geschafft. Die Phalanx von Männern hätte ihr den Weg versperrt. Sie stand starr.

In ihrem Kopf aber rasten die Gedanken. Sie hatte nicht Angst, tot getrampelt zu werden, sie hatte keine Angst, Opfer zu werden in einer Revolte, die ihr nicht galt. Oder genau das: Es galt nicht ihr. Das war ihre Angst: ein Kollateralschaden zu sein.

Auf einmal kam ihr etwas von oben, von der Hallendecke her, entgegen, es flog auf sie zu. Unwillkürlich breitete sie die Arme aus und fing, was Ricarda ihr von außen zugeworfen hatte. Ein Kissen. Es hatte einen goldenen Bezug. Sie drückte das unerwartete Weiche an sich. Es wurde ihr nicht völlig bewusst: Nicht nur ihr Körper, auch ihre Gedanken verloren dabei die Starre.

Ja, sie konnte ihren Mut spüren. Ihr Oberkörper hatte sich schon aufgerichtet, ihr Kopf gehoben. Sie trat einen Schritt vor. Noch einen und noch einen, bis das Licht aus der Öffnung auf sie fiel.

Sie hob ihren rechten Arm, spreizte die Finger, machte ihren weißen Handteller sichtbar. Ihr Zeichen wurde verstanden. Die Männerreihe hielt an. Füße rutschten auf dem Pappe-Stoff-Gemisch, besonders in der Ölspur.

Ob sich die Männer dauerhaft so aufhielten ließen, musste sie nicht erfahren. Jemand kam. Im Augenwinkel konnte sie wieder einen Schatten erkennen, wie einen Scherenschnitt. Dieses Mal kam der Mensch herein. Und er kam zu ihr, stellte sich neben sie. Severin, ihr guter Geist. Er nahm ihre

Geste auf, benutzte aber beide Arme, und senkte sie langsam wieder ab. So bedeutete er den Männern, anzuhalten, sich nach unten zu beugen, zu knien – und sie taten es! Severin wandte sich in Richtung der Öffnung und gab ihr einen sanften Stoß. Sie ging voraus, schritt durch die Öffnung ins Licht.

Schnell ergriff Severin ihre Hand und zog sie nach rechts hinter die Halle. In deren Schatten rannten sie, bis sie außer Sichtweite waren.

Sie keuchte. Sobald sie wieder Atem hätte, würde sie Severin nach der Ölspur fragen, wieso er Gefahr gewittert hatte, ob er die Gefahr schon in der Unordnung gesehen hatte. Wie merkwürdig, dieser Gegensatz von Unordnung und scheinbarer Ordnung!

Severin verlangsamte sein Tempo, bis er wieder normal ausschritt. Noch mit stoßendem Atem fragte sie: „Was war das?"

„Ja, was hast du da bloß gemacht?"

„Ich? Du! Du warst auf einmal nicht mehr zu sehen!"

„Und du biederst dich sofort an."

„Ich hatte auf einmal so eine Lust."

„Wie früher!"

„Früher? Das mit Bert – früher war da auf jeden Fall Nähe. Und Zärtlichkeit."

„Schon damals hat er dich nur ausgenutzt."

Ja, dachte sie, sie hatte es ausgehalten. Und auch hier hatte sie beinah eine ganze Nacht nur ausgehalten. Selbst als sie endlich aufgestanden war, hatte sie nur gelitten. Bis das Kissen geflogen kam.

Dann aber hatte sie sich abgewendet. Von seiner aggressiven Ignoranz, von der ganzen Männergewalt. Sie hatte ihren Mut und ihre Entdeckerlust gespürt. Das würde sie nicht mehr verlieren.

Sie fühlte sich befreit, irgendwie leicht. Sie hatte nicht nur ihre Stärke gefühlt, da war auch Klarheit. Es war nicht das Stadtleben und seine Zwänge, aus denen sie herausgewollt hatte.

Bei der nächsten Rast würde sie Severin fragen, was eigentlich sein Ziel war.

Musste es so weitergehen, in dieser unberechenbaren Natur? Quatsch, dachte sie, ich habe bestimmt geträumt. Ging es da nicht um Decken, gelbe und weiße? Oder um ein goldenes Kissen, mit dem sie sich gut fühlen konnte? Immer wieder?

Opernhaus Halle

Er drehte den Zündschlüssel um. Kein Knattern, kein Röcheln. Nicht einmal ein absterbendes Geräusch.

Das war's. Er wusste es sofort. Diesen Motor würde man nie mehr starten können. Und der Lastwagen, dieses Modell aus dem Jahre 2003 – damals ganz neu, mit frisch aufgesprühtem Schriftzug „*Opernhaus Halle*" auf dem kastenförmigen Aufsatz – der Laster schien auch sehr müde. Blass, kaum noch lesbar das „Opernhaus".

„Deine Schuld!" Gertrude warf ihre Worte an ihn hin. „Warum bist du auch abgebogen? Geradeaus hätten wir gemusst. *Weiter, weiter!* ist unsere Parole."

Sie wartete kurz auf Antwort, schüttelte dann den Kopf. Typisch Walter, wortsparsam wie immer. Sie rollte russische Silben in ihrem Mund, die würde sie jetzt brauchen, um Hilfe zu holen.

Warum war er abgebogen? Walter wusste es nicht. Zuviel Staub? Die Steine auf der Passstraße vom zweitgrößten Bergsee Kirgistans herunter bestand aus straußeneigroßen Kieseln. Mochte er nicht mehr durchgerüttelt werden? „Rückenmassage" hatte das mal eine genannt. Er konnte gar nicht mehr darüber lachen.

Der *Song Kul* lag wie eine blaue Iris in einer flachen Mulde zwischen Bergen, die auf beiden Seiten um die viertausend Meter hoch waren. „Atemberaubend!" Er erinnerte sich an die kleinen überraschten Schreie der Frauen im Ensemble, als er auf dem Hinweg die Hochebene erreicht hatte. Sie war so ausgedehnt, dass man von der östlichen Seite aus die westliche nicht erkennen konnte. Einzelheiten waren nicht auszumachen. Die vielen Pferde und Schafe, die dort weideten, waren allenfalls kleine Punkte. Ein Spiel pastellfarbener Töne hatte sich ihnen geboten, Farbschleier, die sich langsam bewegten. Er selbst hatte damals nach fünfundachtzig Kilometern Rüttelstrecke durch das Tal des *Tölök*-Flusses und Schotterstraße bis auf den *Kalmak*-Pass Schönheit nicht mehr wahrnehmen können.

Jetzt auf dem Rückweg hatte er den langen Schlammweg am Südufer des Sees entlang über Schotter und Staub hinauf zum *Moldoo*-Pass und schwierige fünfzig Kilometer hinab fahren müssen. In der Ebene war der Laster mit ihm nicht geradeaus über die Betonbrücke nach *Ak-Talaa* gerollt, sondern wie von fremder Hand geführt nach rechts geholpert, eine Straße entlang, unbefestigt wie alle anderen, aber von grünem Gras gesäumt. Das Dorf an ihrem Ende war von Pappeln umgeben, in der Uferschleife des Flusses standen sie Wache in Reih und Glied. Die niedrigen Häuser duckten sich unter metallisch glänzenden Wellblechdächern.

Die Kinder hatten den Laster zuerst entdeckt, umringten die Fremden jetzt. Einige buchstabierten die verblasste Aufschrift, mattgolden auf inzwischen abgeschabt rotem Untergrund: „O p e r n - h a u s H a l l e". Saint Cyr, eigentlich Sänger, seit langem nun Impresario, korrigierte ihre Aussprache immer wieder. Manchmal passierte es eben, dass er seine volle Autorität einsetzte, um etwas zum Vollkommenen hin zu drehen. Als Künstlernamen hatte er „Cyriel" gewählt, nun, als Impresario, nannte er sich „Saint Cyr" nach einem Berg in Frankreich. ‚Massiv, aufragend' konnte da anklingen, schließlich war er Geschäftsführer und künstlerischer Leiter in einer Person. Am liebsten hätte er sich „Sturdy Oak" genannt, aber das war für Deutsche zu schwer auszusprechen. Vielleicht hätten die Ensemblemitglieder auch darüber gelacht. Cyriel – stark und sturmfest wie eine Eiche?

Walter und die erfahrene, in Deutschland wohlbekannte Sopranistin Diana standen zusammen mit Ann und Finn stumm am Heck des Lastwagens. Die junge Altistin und der Bariton hatten die hintere Klappe geöffnet, sodass man in ihren Wohnwagen, der zugleich Stauraum für Requisiten und Kostüme, Umkleide und Bühne war, hineinsehen konnte.

Wie oft waren sie so freudig begrüßt worden! Immer wieder herzlich hatte eine kurze oder auch längere Aufführungszeit an einem Ort begonnen.

Stets erneut auf dem langen Weg ihrer Reise ohne Ziel. Der Laster war ihr Theaterkarren.

Anhalten, aussteigen, Kontakt suchen und – bleiben, das war ihnen das vertrauteste Spiel. Immer mit der Sicherheit, wegfahren zu können, wann immer sie sich darauf einigten. Der plötzlich stumme Motor änderte alles. Es war nicht nur Unsicherheit, die sich breitmachte. Diana, Ann und Finn fühlten Angst, Bedrohung. Selbst Saint Cyr, als vorgeblicher Könner gewohnt, vieles zu überspielen, fühlte sich unwohl. Sie verharrten bewegungslos.

Die Kinder aber waren lebendig, fragten, riefen, kletterten beinah in ihre Schlafkojen, entdeckten den Fundus unter den Betten, setzten sich die fremdländischen Hüte auf und johlten laut. Von ihnen angestachelt begann Diana zu jodeln. Ann und Finn konnten sich auf einmal nicht mehr halten vor Lachen. Ein bisschen überdreht, fand Saint Cyr trotz seiner langen Theatererfahrung. Er war beunruhigt. Was alles geriet hier außer Fassung?

Diva Diana war immer ein bisschen exzentrisch. Sie hatte stets ihre Besonderheit betont, so als müsse sie eigentlich ganz allein und sehr geschützt leben. Ann hätte es ihr am liebsten nachgetan. Sie hütete ihre blasse Hautfarbe auch in der brennenden Sonne Kirgistans und all der Länder davor. Sie konnte singen, lieber aber hätte sie geschrieben und veröffentlicht. Gedichte. Sie verlangten Rückzug. Das war nicht zu machen, denn Finn an ihrer Seite war äußerst anhänglich. Von ihrer Beziehung strahlte allerdings etwas aus in die Gruppe: „Zusammenbleiben!“ Es war wie ein ungeschriebenes Gesetz. Aus Finns Not geboren, bildeten beide eine fest verschweißte und – wichtige Achse in der Gruppe.

Da kam Gertrude zurück, einen Trupp von Menschen im Gefolge. Die Frauen alle in bunt gemusterten, langen Kleidern mit passenden Kopftüchern, während auffällig viele der Männer ihren „Kalpak“ trugen, den traditionellen steifen Hut aus Filz. Gertrude, die Kostümbildnerin, hatte ihr Outfit wieder einmal sehr bewusst gewählt. Sie trug eine riesige Creole und ebenfalls Kopftuch, eng um den Kopf geschlungen. Patent wie immer hatte sie es geschafft. Erleichtert übersetzte sie, dass der Theaterkarren bleiben könne, dass sie zu essen bekämen, vorerst hier mal Wasser.

Im Ensemble aber blieb die Stimmung gedrückt, bis auf einmal ein Nachbar aus dem angrenzenden Dorf auftauchte. Gertrude konnte nur überrascht aufschauen, sein Gesicht war ihrem ganz nah gekommen.

„Dobry Djen“, murmelte sie.

Er aber sagte: „Guten Tag! Ich heiße Altynbek. Wie geht es Ihnen heute?“

Ein Kirgise, der Deutsch sprach? Gertrude war hellwach. Ein freundlicher älterer Mann, voller Spannkraft, obwohl Haar und Bart schon weiß waren. Buschige Augenbrauen überspannten seinen aufmerksamen Blick. Er schaute Gertrude so eindringlich an, dass sie etwas zurückwich. Dabei spürte sie Offenheit, Zugewandtheit, eine Neugier ohne Arg. Sein Deutsch war beinahe fehlerfrei.

Altynbek hatte in Deutschland gearbeitet, im Osten. Er begriff schnell, dass er eine ganz besondere Gruppe vor sich hatte und wollte helfen, mit allem, was er hatte. Als Erstes bot er an, dass der Lastwagen auf seinem Hof verbleiben könnte. Er schaute schon um sich, wer beim Abschleppen mitmachen könnte. Zuvor aber wollte er sie alle kennenlernen.

Walter war Kraftfahrer gewesen, bevor er Bühnenarbeiter wurde. Er hatte das Cockpit seines Lastwagens mit einer Einbauküche ausgestattet. Alles da, was man brauchte, um gut zu kochen. So hatte er sich sein Leben mit Nachspeisen versüßt, denn Fahren war eine einsame Angelegenheit. Er hatte in allen Pausen unermüdlich mit seinen jeweiligen Freundinnen telefoniert, trotzdem hatten die Beziehungen nie gehalten. Ob er deshalb zum Theater gegangen war? Jetzt war er jedenfalls wieder Fahrer, aber auch Einlass-Kontrolleur, Einkäufer und Koch. Er bereitete Tee.

Man saß in der Runde, redete durcheinander, hörte zu, erzählte erneut. Ihre Geschichte klang ja so unwahrscheinlich. Jeder hatte eine etwas andere Version. Sicher war: Das Opernhaus hatte gebrannt. Als Einzelne am späten Nachmittag angelaufen kamen, war die Feuerwehr lange schon da, konnte aber kaum helfen. Riesige Flammen stiegen zum Himmel, ein Funkenregen, die Schaulustigen warteten auf den Theaterdonner. Aber dieses war keine Aufführung. Das Feuer, ein gefräßiges Ungeheuer, fand viel an Nahrung in diesem Haus. Bühnenvorhang, Bestuhlung, Fundus, Werkstätten – alles leichte Beute. Am Ende blieben schwelender Schutt und stinkende Grundmauern. Sie waren sechs, die dennoch dort sitzen geblieben waren, bis in den aufgehenden Morgen hinein.

Irgendwann war die Idee vom Thespiskarren geboren, aus unterschiedlichsten Gründen für sie alle ein Rettungsanker. Es gab keinen unter ihnen, der noch in Halle hätte bleiben wollen. Außer Finn, wenn nur Ann dabei war. Ohne sie war alles nichts, mit ihr ließe sich die Welt erobern, hatte er damals geglaubt. Er glaubte es übrigens noch immer, obwohl er, der weitaus Jüngste, jetzt schon sechsunddreißig Jahre alt war.

Als die Sonne zu wärmen begann, war Walter damals losgegangen und hatte den Lastwagen mit dem Kastenaufsatz geholt. Der Fuhrpark war ja weiter entfernt, die Autos waren alle unbeschädigt.

Sie waren gefeiert worden, als ihre *Reisende Opernbühne* bekannt wurde. Elf Jahre, nicht länger hatte die einzige Oper in Sachsen-Anhalt als

„*Opernhaus Halle*“ gestanden. Dabei war der berühmteste Sohn der Stadt ein Opernkomponist! Nun ohne Haus. Sie waren die Helden, die das Wichtigste gerettet hatten: die Aufführungen.

Altynbek glaubte bald, vom Brand gehört zu haben, damals in Ost-Deutschland. Und dann lud er zum Fest. Das musste doch gefeiert werden! Die Helden aus Halle, die Retter der Oper waren da, bei ihm in Kirgistan!

Die Deutschen waren den Kirgisen ähnlich geworden, nomadisch zogen sie durch die Weiten, in Kirgistan schon länger als in irgendeinem Land zuvor. Altynbek erzählte es den Dörflern im Kreis, denen nun auch die Brust schwoll bei solchen Besuchern.

Die Nachricht wirbelte Staub auf. In jeder Hinsicht. Am Abend hatte sich der Staub der Straße mit dem Staub im Hof von Altynbeks Anwesen zu einer stehenden Wolke vereint. Die Deutschen husteten. Die Dörfler störte es nicht, dass sich der Staub auf dem Lamm ablegte, das am Spieß gedreht wurde.

Walter stierte in die Glut des Holzfeuers. Er dachte an die letzte Aufführung des Opernhauses Halle zurück. Oben am See war das, auf der riesigen Hochweide, wo die Kirgisen Tausende von Pferden und beinah ebenso viele Schafe frei grasen ließen. Dort lebten sie den Sommer über in ihren Jurten. Das Ensemble hatte auch eine Jurte bekommen. Und ein freistehendes Waschbecken mit

Spiegel, neu und glänzend wie aus dem Baumarkt-Katalog. Der Spiegel war so niedrig angebracht, dass man die Beine spreizen musste, wenn man sich davor rasieren wollte. Die Metallbetten in der Jurte waren bequemer als ihre schmalen Schlafkojen im Lastwagen. Weiße Bettwäsche und glänzende Samtdecken inmitten von Tieren! Tatsächlich galoppierte manchmal eine Herde Pferde ganz nah vorbei.

Ja, die Aufführung!, sinnierte Walter vor sich hin. Als Kulisse hatten sie die Hügelkette genommen. Es war gar nicht so einfach, in der großen Weite ein Zentrum zu finden. Die Landschaft und das jeweils eigene Licht einzubeziehen, das beherrschten sie aber inzwischen hervorragend. Ockerfarben hatte die untergehende Sonne den Berg eingefärbt. Die Menschen, den See im Rücken, warfen lange Schatten. Ann und Finn reichten sich gerade bedeutungsvoll die Hände, da – Walter musste schmunzeln. Vier Murmeltiere waren plötzlich den Hang hinuntergekugelt.

„Wisst Ihr noch?", fragte er laut in die Runde am Feuer. „Am *Song Kul*?"

Alle lachten. Das war ja nicht der einzige Zwischenfall in dieser Aufführung. Zum Beispiel hatte Diana gerade zur großen Arie angesetzt, als sie ein gellendes Pfeifen übertönte.

„Na, wenn die Murmeltiere so nah sind", dachte Walter laut.

„Nächstes Mal könnten wir das gleich mit einplanen!“, meinte Finn und verstummte abrupt. Schweigen schlug ihm feindlich entgegen. Allen war klar geworden: Ein nächstes Mal würde es nicht geben. Es war vorbei.

Finn fühlte sich bedrängt, ohne zu wissen, warum. „Was wollt ihr denn sonst machen?“, fragte er hastig. Für die anderen hörte es sich an, als hätte sich ihm diese Frage in sechzehn Jahren *Immer weiter gen Osten* nie gestellt.

„In einer Metropole *Campari Soda* auf der Straße trinken“, antwortete Ann spitz.

„Hier gibt es auch eine Millionenstadt“, beeilte sich Finn zu bemerken.

„Eine.“ Der Punkt in Anns Antwort war abschließend.

„Kinder! Es hat uns doch immer gefallen, selbst in der Wüste. Denkt mal an unser Oasentheater!“ Saint Cyr versuchte sich als Mediator, obwohl, er wusste es, sein Geschick begrenzt war. Als „Marketing-Chef“ war er nicht so schlecht, aber ein Impresario musste auch führen können.

„Was für ein Theater! Ja.“ Gertrude klang bitter. Sogar in der kasachischen Wüstenoase hatte sie Streit schlichten müssen. Vor zehn Jahren hätten sie sich niemals unter einem so beeindruckenden Sternenhimmel gestritten.

Nichts schlimmer, als wenn Führung fehlte. Auf die Dauer vor allem. Hätte sie den Hut des Impresarios aufgehabt, hätte sie diese Entfremdung nie zugelassen.

Diana war auffällig still. Sie war zwar nur drei Jahre älter als Gertrude, aber bei ihrer Stimme blieb nichts als der Rückzug ins Altenheim. Diana Remberti – wenigstens hatte ihr Name Klang. Er würde ihr die Aufnahme in die *Casa Verdi* sichern. Laut fragte sie, wie sie nach Mailand kommen könnte.

„Casa Verdi. Aha", murmelte Walter vor sich hin. Es kränkte ihn, dass er in Dianas Zukunftsvorstellung gar nicht vorkam. Macht nichts, redete er sich ein. Er würde ein Restaurant eröffnen. Wie oft hatte er für die Gruppe gekocht, mit primitivsten Mitteln und exzellentesten Ergebnissen.

Saint Cyr ging mit einem Wodka-Glas in der Hand herum, nickte hierhin und dorthin, setzte sich schließlich neben Gertrude. Die schoss sofort los.

„Das war doch vorhersehbar! Du hast überhaupt keine Vorsorge getroffen."

„Was war vorhersehbar?"

„Beides! Na klar, der Laster musste doch irgendwann kaputtgehen. Einen neuen Motor, das ist ja noch das Geringste, den hätten wir jetzt dabeihaben können!"

„Oh, noch mehr Gewicht", stöhnte Saint Cyr.

„Ja, und dass es einem oder einer oder allen irgendwann zu viel werden würde, das war auch klar." Gertrude wurde immer lauter.

„Vorhersehbar – aber unausweichlich."

„Quatsch. Da kann man gruppendynamisch vorsorgen.“ Gertrudes Stimme war ganz oben. Sie stand einfach auf.

An Staub gewöhnte sich jeder in Kirgistan. Auf diesem Hof aber, ganz von roh gemauerter Einfassung umgeben, legte sich der Staub allen auf die Atemwege. Frauen kamen und brachten Pelmeni, Salate und Katama.

Walter, der dieses Fladenbrot mit eingebackenen Zwiebeln liebte, griff sofort zu. Aber das kleine Glück wollte sich nicht einstellen. Er, der sonst so Zurückhaltende, stichelte: „'Musik ist göttlicher Auftrag', nicht wahr?“

Diana, ganz arglos ob des Zitats, sang sofort los: „Oh, lass uns fliegen aus diesen Mauern, lass uns in schön're Auen ziehen.“

„Ja, ja, ‚man muss sich geben in der Musik'“, höhnte Walter, als sie abgesetzt hatte.

„Was willst du?“ Diana schaute ihn verständnislos an.

„Und ‚Sex ölt die Stimme'.“

„Dann weißt du doch bestens Bescheid. Gerade du. Aber was soll das jetzt?“

„Wieso willst du nach Mailand? War ich nicht gut genug im Bett?“

„Ach, das hat doch andere Gründe.“

„Welche denn, außer dass ich nicht mehr gut genug bin?"

„Walter!" Diana rief seinen Namen sehr laut und sehr hell. Im höchsten Register, das ihr noch zur Verfügung stand. Walter aber drehte sich um. Es war ihm egal, dass ihre heimlichen Begegnungen jetzt doch öffentlich geworden waren. War doch bloß Sex. Sollte sie doch nach Mailand gehen! Ihr Lack war ab. Er nahm sein Russisch zusammen und versuchte mit den Kirgisen ein Gespräch über die Vermarktung und den Einkauf von Fleisch.

Ann aber, der es so sehr auf Selbststyling ankam, Ann wusste ganz genau: Sie wollte hier weg. Und sie wollte in eine Großstadt. In eine, die den Namen verdiente. „London", sagte sie laut.

„Ich komme mit", antwortete Finn.

„New York."

„Ich komme mit."

„Vielleicht doch besser Sankt Petersburg, ich könnte auch auf Russisch spielen, mit der Übung jetzt."

„Ich komme mit."

„Du bleibst hier. Oder wo der Pfeffer wächst. Jedenfalls gehe ich allein."

„Wie meinst Du das denn?"

„Ich habe dich nicht gesucht, Finn! Seitdem wir unterwegs sind, klebst du mir an den Fersen. Keine Luft mehr, mir geht die Luft aus!"

„Wie?"

„Mir ist das zu viel, zu eng!"

Finn sackte in sich zusammen. Als er endlich ein bisschen Kraft in sich fand, stand er auf und ging zum Lastwagen. Ein kurzer Blick auf die Heckklappe genügte, um zu wissen, dass seine alte Schlafkoje nicht mehr in Frage kam. Unter dem Chassis rollte er sich zusammen, ganz eng. Ganz klein wurde er wieder. Er wollte für immer so liegenbleiben.

Es dauerte nicht lang, da stand Ann auf. Die stabile Achse, die die Gruppe oft starr und unbeweglich gemacht hatte, die sie gleichzeitig auch zusammengehalten hatte, war zerbrochen. Ann fühlte sich frei. „Vogelfrei", dachte sie verzweifelt. Sie trat aus dem Tor, heraus aus dem staubgefüllten Hof, rief noch, sie wolle ins Grüne. In Wahrheit suchte sie den Weg zum Fluss. Die Dunkelheit würde helfen, ihr Vorhaben unbemerkt zu lassen.

Walter schaute ihr nach, nur leicht irritiert. Er wandte sich an den Kirgisen, der ihm am nächsten saß, und radebrechte weiter über Fleischvermarktung. Für ihn konnte das die ganze Nacht so weitergehen. Aber irgendwann wollten auch die Dorfbewohner schlafen. Sie luden ihn ein, und er trottete ihnen nach.

Saint Cyr war wieder mit dem Glas in der Hand herumgegangen, nachdem er vom Lamm gegessen hatte.

„Nastrovje!"

„Nastrovje!"

Man brauchte gar nicht so viel zu sprechen, wenn man trinken konnte. Ihm war das lieb, bis er fühlte, nicht mehr lange durchhalten zu können. Er ging aus dem Tor, blieb aber schon bald unter einem Baum liegen. Er hielt sich den schmerzenden Bauch, bis Schüttelfrost seine Zähne klappern ließ. Es war zu spät, noch irgendwas oder irgendwen vorspielen zu wollen. Er verlor das Bewusstsein.

Gertrude hatte ihn eine Zeit lang mit ihren Blicken verfolgt. Sie wusste, dass sie nicht mehr eingreifen würde. Ihre Gedanken streiften Diana, die sie länger nicht mehr gesehen hatte. Sie blieb sitzen. Sie war eine kraftvolle Person und bewegte sich in der Regel mit großem Ausdruck. Jetzt saß sie ganz still. Ihr Blick fiel auf ihre staubverklebten Schuhe und wurde starr.

Irgendwann kam Altynbek und rückte neben sie. Sie lehnte ihren Kopf an seine Schulter.

Am nächsten Morgen war von der reisenden Bühne nicht mehr übrig als ein verlassener Lastwagen im kirgisischen Staub. Ohne Motor, mit kastenförmigem Aufsatz und der verblassten Aufschrift „*Opernhaus Halle*".

Zur Autorin

Birgitta M. Schulte wurde 1951 geboren, wuchs in Ostwestfalen auf und lebt heute wieder in Detmold. Sie wurde Redakteurin pädagogischer Zeitschriften und Autorin bei der ARD für die Themenbereiche Bildung, Frauen, Umwelt und Archäologie. Sie hat vier Sachbücher veröffentlicht. Viele ihrer kurzen Geschichten sind in der Zeitschrift „Tentakel. Literatur aus OWL" erschienen. 2019 Preis des Stockstädter Literaturpreises anlässlich der Buchmesse im Ried.

Foto: Jutta Jelinski